MW00364993

German Through Film

German Through Film

ADRIANA BORRA
University of Vermont

RUTH MADER-KOLTAY
Albert-Ludwigs-Universität Freiburg, Germany

Yale University Press   New Haven & London

Copyright © 2007 by Yale University.
All rights reserved.
This book may not be reproduced, in whole or in part,
including illustrations, in any form (beyond that
copying permitted by Sections 107 and 108
of the U.S. Copyright Law and except
by reviewers for the public press),
without written permission
from the publishers.

Publisher: Mary Jane Peluso
Development Editor: Brie Kluytenaar
Manuscript Editor: Karen Hohner
Production Editor: Ann-Marie Imbornoni
Production Controller: Karen Stickler
Designer: James J. Johnson
Marketing Manager: Timothy Shea

Set in Simoncini Garamond Roman
by Integrated Publishing Solutions.
Printed in the United States of America.

Library of Congress Cataloging-in-Publication Data

Borra, Adriana, 1970–
German through film / Adriana Borra,
Ruth Mader-Koltay.
p. cm.
Includes bibliographical references.
ISBN-13: 978-0-300-10950-4 (pbk. : alk paper)
ISBN-10: 0-300-10950-4 (pbk. : alk paper)
1. German language—Textbooks for foreign
speakers—English. 2. German language—
Readers. 3. Motion pictures—Germany.
I. Mader-Koltay, Ruth, 1968– II. Title.
PF3129.E5B67 2007
438.2'421—dc22   2006045555

A catalogue record for this book
is available from the British Library.

The paper in this book meets the
guidelines for permanence and durability
of the Committee on Production Guidelines for
Book Longevity of the Council on Library Resources.

10 9 8 7 6 5 4 3 2

Contents

Degree of difficulty varying from * (easiest) to **** (most sophisticated)

Acknowledgments

Our deepest gratitude goes to Antonello Borra and Cristina Pausini, who inspired our work and allowed us to use their book *Italian Through Film* as a model.

We also wish to thank the following reviewers for their valuable and constructive input: Christina Gerhardt, University of California, Berkeley; Anke Finger, University of Connecticut; John E. Davidson, The Ohio State University; and Sara Hall, University of Illinois at Chicago.

We are also grateful to Mary Jane Peluso, Gretchen Rings, Brie Kluytenaar, Wendy DeNardis, Karen Hohner, Ann-Marie Imbornoni, and their colleagues at Yale University Press for their constant assistance.

Tips for Course Use

Many contemporary German films have achieved worldwide recognition. Such films as Tom Tykwer's *Lola rennt*, Caroline Link's *Nirgendwo in Afrika*, and Wolfgang Becker's *Good Bye, Lenin!* have become popular vehicles for approaching Germany's language and culture, and instructors of German are increasingly incorporating modern German cinema into their curricula. With this trend in mind and following the example set by Antonello Borra and Cristina Pausini in *Italian Through Film*, we have created *German Through Film* as a flexible tool for teachers who strive toward content-based instruction and believe that learning a language should be entertaining as well as meaningful.

German Through Film focuses on contemporary German films that are commonly found in school and university video libraries and can easily be rented from a video store. The book is an adaptable ancillary text geared toward high school and college instruction as well as adult education. Because the exercises range from the elementary to the sophisticated, the text is suitable for beginning, intermediate, and advanced learners of German. In order to complete each chapter, however, students need to be above the beginner's level. At the intermediate level, *German Through Film* can be used as a primary text with the integration of an appropriate grammar apparatus and a selection of reading materials.

Each of the eight chapters in *German Through Film* is devoted to one film. The movies are presented in chronological order and present material of varying difficulty and complexity. The stars next to the titles in the table of contents indicate the degree of difficulty, from * (easiest) to **** (most sophisticated), with *Good Bye, Lenin!* being the most complex. Teachers may pick and choose which films they wish to include in their syllabus at any level or stage of language instruction. The material in each chapter is geared toward an "extensive" reading or global viewing of the film. Instructors who would like to pursue certain cultural or linguistic aspects of the movie in the classroom, however, will find many opportunities for an "intensive" reading of scenes of their own choosing.

Structure of the Book

Vorweg

A short test gives the students an idea of their knowledge about German movies before they start using this book. The Vocabulary List in this introductory section offers the essential film vocabulary. It should quickly become part of the active vocabulary of any student working with *German Through Film*. We kept the list essential so as to encourage the students to really *learn* this vocabulary, not simply use it for reference. We also included a list of helpful discursive phrases for building arguments and tips on developing stylistic competence.

Features of Each Chapter

1. Activities Before Viewing the Film

Opening sections provide information about the movie ("Der Film"), the plot ("Die Handlung") and socio-cultural issues specific to the film ("Hintergrundinformationen").

General questions ("Zum Einstieg") introduce the main themes of the film, eliciting students' curiosity and setting their expectations.

A vocabulary list ("Wortschatz") and vocabulary exercises give students a solid foundation for learning key words and expressions before watching the film. Most chapters also have lists of specialized vocabulary that's not meant to be memorized (for example "Typisch Deutsch," "Typisch DDR," "Typisch Wiedervereinigung," "Typisch Nazideutschland"). Students will easily recognize and remember the words from the "Wortschatz" when they hear them again in context and with the support of images. We also recommend the use of a good dictionary.

2. Activities While Viewing and After Viewing the Film

These activities are presented in order of increasing complexity. They range from the purely closed true or false ("Richtig oder falsch?") and multiple choice ("Wählen Sie die richtige Antwort aus") formats to a question-and-answer format in which students must supply a discrete-point response ("Beantworten Sie folgende Fragen") and attribute phrases from the movie to the single characters ("Wer sagt im Film zu wem die folgenden Sätze?") or put sentences and acts from the movie into the right order ("Bringen Sie . . . in die richtige Reihenfolge"). These exercises are designed not only to help students grasp specific facts about the film but to give them a more global comprehension of the movie's content and characters. Note that a lot of those exercises are based on the entire movie rather than on individual scenes.

3. Activities After Viewing the Film

Guided expansion exercises offer a transition between the mere comprehension of the film and its interpretation. These activities range from the description of characters and their relationships ("Die Figuren und ihre Beziehungen") to the description of selected scenes, the description or appreciation of the music and/or cinematographic aspects, the concentration on single cultural aspects or the creation of alternative dialogues and/or endings for the film.

Interpretative and creative activities may be directed toward either oral discussion or written assignments, in order to elicit students' cultural and historical reflections and foster their personal reactions. At this stage students can engage in class discussions or presentations ("Weiterführende Fragen für die Diskussion" and "Themen für ein Referat"), and then produce written compositions or research papers ("Weiterführende Fragen für die schriftliche Hausaufgabe" and "Themen für eine Hausarbeit"). In the exercises in the "Jetzt sind Sie dran" section, students are asked to recreate a scene, (re)write a dialogue drilling pronunciation and intonation, and act it out or film it.

Each chapter ends with Internet-based activities, which expand on elements from the movie. Exploring German Web sites with a search engine is fun and motivating for many students.

Zuletzt

In this summary section ("Zusammenfassung") students will find questions that help compare and summarize the movies presented in the book and that follow up and expand on topics introduced in the chapters. Furthermore, there is a short history of postwar cinema in Germany ("Film in Deutschland nach 1945") to help place the movies analyzed in a wider context and also learn something about preceding periods of German film history.

Answer keys for each chapter are provided in the online Instructor's Manual.

We hope that you will find *German Through Film* to be a useful tool for promoting the understanding of German language and culture. We would love to hear from students and colleagues and would greatly appreciate suggestions for improvements and comments. Enjoy the movies!

Sample Lesson Plan

Ideally, one should allow six classes for each chapter.

Day 1: In class, read the information given in the opening sections, making sure the students understand the material. Introduce the new vocabulary with the related exercises, and cover the "Zum Einstieg" questions. For homework, assign the viewing of the film and the "Richtig oder falsch" and "Wählen Sie die richtige Antwort aus" sections. Make sure the students understand the homework questions.

Day 2: In class, have students compare their homework in pairs. Double-check with the whole class and then go over the "Beantworten Sie folgende Fragen" section. Since this section is usually quite long, you may divide it among the students and have small groups work on individual parts. Ask each group to report and discuss everyone's results with the whole class. Go over the "Wer sagt im Film zu wem die folgenden Sätze?" section with the whole class. Assign any remaining exercises of the "Während und/oder nach dem Film" section as homework for the next class. If there are too many exercises, divide the class into several groups.

Day 3: Review the homework, then move on to the expansion activities (replaying one or more sequences of the movie as needed). Have students work in pairs or in groups on "Die Figuren und ihre Beziehungen." Again, you may want to divide the class into small groups to work on parts of the section. Ask students to take notes so that they can report their answers to the whole class. Discuss everyone's results with the rest of the class. Encourage them to express disagreement and/or different opinions. Assign any remaining exercise before the "Weiterführende Fragen für die Diskussion" for homework. If there are too many exercises, divide the class into several groups.

Day 4: Ask students to share the results of their homework with one another and with you. Move on to the "Weiterführende Fragen für die

Diskussion." Encourage students to use the discursive phrases listed in "Vorweg." Move on to the "Jetzt sind Sie dran" section. Assign whatever can be done without further preparation in class. Have students decide whether they want to work on an expanded project. Assign one of the "Weiterführende Fragen für die schriftliche Hausaufgabe" and/or "Themen für ein Referat oder eine Hausarbeit" for homework. If possible, assign each question to at least one student.

Day 5: Ask students to give their presentation to the class. Students must take notes and then ask questions during a question-and-answer period. Collect students' compositions for correction and grading. (You may of course want to give them more time for completing them.) You may also create a folder where everyone's compositions are collected for every student to read. Assign an Internet-based activity for homework. If possible, assign each question to at least one student.

Day 6: Ask students to share the results of their homework with one another and with you. If the class has chosen to work on a project of the "Jetzt sind Sie dran" section offer help and correct the pronunciation, provide additional vocabulary, and check on the work in progress of every group. Finally do a brainstorming closing section, reviewing with the whole class the most important results from the work on the movie.

Vorweg

I. Testen Sie sich selbst:

1. Kennen Sie deutsche oder deutschsprachige Filme und/oder Regisseure? Welche?

_____

_____

2. Kommen in Filmen Ihres Landes manchmal Deutsche vor? Haben sie oft eine bestimmte Rolle? Wenn ja, wie werden sie dargestellt?

_____

_____

3. Erinnern Sie sich daran, ob in den letzten zwanzig Jahren deutschsprachige Filme, Regisseure oder Schauspieler einen Oscar gewonnen haben?

_____

_____

4. Kennen Sie deutsche Schauspieler oder Regisseure, die international berühmt sind oder waren?

_____

_____

II. Wortfeld Kino: Liste der wichtigsten Vokabeln

der Abspann	final credits
die Besetzung	cast
der Darsteller / die Darstellerin	actor / actress
das Drehbuch	script
drehen	to shoot
die Figur	character
der Film	movie
filmen	to shoot
die Filmmusik	soundtrack
die Geste / die Gestik	gesture / gestures
die Großaufnahme	close-up
die Halbtotale	medium shot
die Handlung	plot
der Hauptdarsteller / die Hauptdarstellerin	principal actor / actress
die Hauptfigur	principal / main character
die Hauptrolle	lead, leading / main role
der Hauptschauplatz	principal scene, setting
der Hintergrund	background
die Hintergrundmusik	background music
die Leinwand	screen
die Kamera	camera
das Kino	cinema / movie theater
die Laufzeit	length
die Mimik	facial expression
das Motiv / das Leitmotiv	(leit)motif
der Nachspann	(film) credits
der Nebendarsteller / die Nebendarstellerin	supporting actor / actress
die Nebenfigur	supporting character
die Nebenrolle	supporting role
der Nebenschauplatz	secondary scene, setting
der Regisseur / die Regisseurin	director
die Rezension	review
die Rolle	role
die Rückblende	flashback
der Schauplatz	location
der Schauspieler / die Schauspielerin	actor / actress
(eine Rolle) spielen	to play (a role)

(irgendwo / irgendwann) spielen	to be set (somewhere / sometime)
die Totale	long shot
die Überblendung	fade-out
der Untertitel	subtitle
der Vordergrund	foreground
der Vorspann	opening credit
in Zeitlupe	in slow motion
in Zeitraffer	in fast motion, speeded up

III. Redemittel

Eine Meinung ausdrücken:

Meiner Meinung / Ansicht nach ...	In my opinion . . .
Ich würde sagen ...	I would say . . .
Ich meine / glaube / denke / finde, dass ...	I mean / believe / think / find that . . .

Einer Meinung widersprechen:

Es tut mir Leid, aber ...	I'm sorry, but . . .
Damit bin ich (überhaupt) nicht einverstanden.	I disagree (completely).
Da muss ich (Ihnen / dir / euch) widersprechen.	I have to contradict you there.
Ich sehe das ganz anders.	That's not how I see it.
Das stimmt (überhaupt) nicht.	That's not right (at all).
Da haben Sie / hast du / habt ihr (absolut) Unrecht!	You are (completely) wrong there!
Das kann nicht sein, weil ...	It can't be, because . . .
Ich bin anderer Meinung.	I don't think so.
Das glaube ich (wirklich) nicht!	I (really) don't think so!

Eine Meinung unterstützen:

Das stimmt!	That's right!
Das finde ich auch! / Einverstanden!	I agree.
Ich stimme Ihnen / dir / euch zu.	I agree with you.
Da haben Sie / hast du / habt ihr (absolut) Recht!	You are (completely) right there!
Genau!	Exactly! / Absolutely!

Ich auch!	Me too!
Ich auch nicht!	Me neither!

Nach einer Meinung oder Erklärung fragen:

Was meinen Sie / meinst du / meint ihr?	What do you think?
Wie sehen Sie / siehst du / seht ihr das?	How do you see it?
Wie meinen Sie / meinst du / meint ihr das?	What do you mean (with that)?
Können Sie / Kannst du / Könnt ihr das näher erklären?	Can you explain that more precisely?

Zweifel ausdrücken:

Es könnte sein, dass ...	It could be that . . .
Echt? / Wirklich?	Really?
Ich bin mir nicht (so) ganz sicher.	I am not really sure.
Das bezweifle ich.	I doubt that.
Vielleicht sollte man ...	Perhaps one should . . .

Vergleiche anstellen:

Das kommt (ganz) darauf an. / Das hängt davon ab.	It depends.
Einerseits ... andererseits ...	On the one hand . . . on the other hand . . .
Im Vergleich zu / Verglichen mit ...	In comparison with / Compared with ...

Zusammenfassen und Erzählen:

Dieser Film / Diese Geschichte handelt / erzählt von ...	This movie / story is about . . .
Dieser Film / Diese Geschichte befasst sich mit ...	This movie / story deals with . . .
Zuerst / Zunächst / Am Anfang	First (of all) / At first
Dann / Danach / Später / Nachher	Then / After that / Later / Afterwards
Inzwischen / In der Zwischenzeit	In the meantime

Gleichzeitig / Zur gleichen Zeit	At the same time
Schließlich / Endlich / Am Ende / Zuletzt	Finally / In the end
Zum (Ab)schluss / Zusammen-fassend kann man sagen ...	To sum up / In summary one can say . . .
Wir sind zu folgendem Ergebnis gekommen:	We reached the following conclusion:

ÜBER DAS LEBEN, DIE LIEBE
UND DEN KLANG DES SCHNEES.

EIN FILM VON CAROLINE LINK

Jenseits der Stille

SYLVIE TESTUD • EMMANUELLE LABORIT • HOWIE SEAGO • SIBYLLE CANONICA

BUENA VISTA INTERNATIONAL PRÄSENTIERT "JENSEITS DER STILLE" EIN FILM VON CAROLINE LINK MIT SYLVIE TESTUD HOWIE SEAGO EMMANUELLE LABORIT
SIBYLLE CANONICA MATTHIAS HABICH HANSA CZYPIONKA TATJANA TRIEB PRODUKTIONSLEITUNG CLAUDIA LOEWE HERSTELLUNGSLEITUNG ULI PUTZ AUSSTATTUNG KATHARINA VON MARTIUS
MASKE HEIDI MOSER-NEUMAYR TON ANDREAS WÖLKI MUSIK NIKI REISER SCHNITT PATRICIA ROMMEL, BFS SZENENBILD SUSANN BIELING KAMERA GERNOT ROLL, BVK
BUENA VISTA INTERNATIONAL DREHBUCH CAROLINE LINK BETH SERLIN PRODUZENTEN THOMAS WÖBKE JAKOB CLAUSSEN LUGGI WALDLEITNER REGIE CAROLINE LINK
GEFÖRDERT VON DER BAYERISCHEN LANDESANSTALT FÜR AUFBAUFINANZIERUNG (LFA) DER FILMFÖRDERUNG DER BUNDESREGIERUNG GMBH UND DEM BUNDESMINISTERIUM DES INNERN (BMI) IM VERLEIH DER BUENA VISTA INTERNATIONAL
SOUNDTRACK IM HANDEL ERHÄLTLICH

1
Jenseits der Stille
(1996)

DER FILM:
Laufzeit: 107 Minuten
Regie: Caroline Link
Drehbuch: Link Serlin
Kamera: Gernot Roll
Darsteller / Darstellerinnen: Sylvie Testud (Lara Bischoff als Heran-
wachsende), Tatjana Trieb (Lara Bischoff als Kind), Howie Seago (Martin
Bischoff), Emmanuelle Laborit (Kai Bischoff), Sybille Canonica (Clarissa),
Matthias Habich (Gregor), Alexandra Bolz (Marie Bischoff), Hansa
Czypionka (Tom), Doris Schade (Lilli), Horst Sachtleben (Robert) u.a.

Handlung: Kai und Martin Bischoff sind gehörlos. Ihre Tochter
Lara vermittelt zwischen ihnen und der Außenwelt. Als Lara ihre Liebe
zur Musik entdeckt, kommt es zu Spannungen mit ihrem Vater: er be-
fürchtet, seine Tochter werde sich ihm auf diese Weise entfremden. Nach
dem Abitur drängt Laras Tante Clarissa sie, nach Berlin zu ziehen und
dort das Konservatorium zu besuchen. Wie Lara sich langsam für ihren
eigenen Weg entscheidet und doch der Liebe zu ihrer Familie treu bleibt,
erzählt der Film mit viel Ruhe und Einfühlungsvermögen.

Hintergrundinformationen: Caroline Links Debütfilm ist nicht
unbedingt eine typisch deutsche Geschichte, spiegelt aber einige wichtige
Aspekte deutscher Alltagskultur. Hauptthemen sind einerseits die Gehör-
losigkeit, d.h. das Leben mit einer Behinderung, andererseits der Prozess
des Erwachsenwerdens und der Ablösung von der Familie mit allen damit
verbundenen Konflikten, die auf Grund von Laras besonderer Situation
als Tochter gehörloser Eltern noch verstärkt werden. Der versöhnliche
Schluss nimmt diesen Problemen einiges von ihrer Schärfe.

I. Vor dem Film

1. Zum Einstieg:

1. Kennen Sie gehörlose Menschen?
2. Mit welchen Problemen haben gehörlose Menschen im Alltag zu kämpfen?
3. Wer waren in Ihrer Kindheit die wichtigsten Bezugspersonen neben Ihren Eltern?

2. Wortschatz:

der Heilige Abend	Christmas Eve
die Aufnahmeprüfung	entrance exam
behindert	handicapped
der Blitz	lightning
der Dickkopf, der Dickschädel	pigheaded / stubborn person
dolmetschen	to interpret
der Donner	thunder
gebärden	to use sign language
die Gebärdensprache	(official) sign language
gehörlos	deaf (since birth)
die Gehörlosenpädagogik	education for the deaf
die Gehörlosenschule	school for the deaf
das Gewitter	thunderstorm
der Gleichgewichtssinn	sense of balance
mogeln	to cheat
Schlittschuh laufen	to go ice skating
taubstumm	deaf-mute
die Zeichensprache	sign language

Typisch Deutsch:

die HdK, die UdK	die Hochschule / Universität der Künste	University for the Arts in Berlin
das Weihnachtsgeld	das 13. Monatsgehalt	Christmas bonus

3. Wortschatzübungen:

A. Entscheiden Sie sich für einen der beiden Ausdrücke in Klammern:

1. Ein (Blitz / Donner) schlug im Haus ein.

2. An Weihnachten war es sehr kalt und die Kinder konnten (Schlittschuh laufen / dolmetschen).

3. Manche Gehörlose haben keinen guten (Tastsinn / Gleichgewichtssinn).

4. Die (Fahrprüfung / Aufnahmeprüfung) für die Kunstakademie ist sehr schwer.

5. Sie (mogelt / mischt) immer beim Schachspielen.

B. Ergänzen Sie bei den folgenden Redewendungen eine gute idiomatische englische Übersetzung:

deutsche Redewendung	deutsche Erklärung	englische Redewendung
auf hundertachtzig sein	sehr nervös / aggressiv sein	to be about to explode
da ist der Teufel los	da ist sehr viel Aufregung	_____
eine Runde schmeißen	alle Anwesenden einladen	_____
mach mal halblang!	übertreib nicht!	_____
jemandem in den Rücken fallen	jemandem überraschend die Unterstützung verweigern	_____
ohne mit der Wimper zu zucken	ohne eine Gefühlsregung zu zeigen	_____

Welche Redewendung passt?

1. Ich hatte solche Angst, meinen Eltern zu sagen, dass ich das Studium

   aufgebe, aber komischerweise haben sie es akzeptiert, _____.

2. Nachdem der Skandal publik wurde, war erst einmal

_____.

3. Ich dachte, du wärest mein Freund, und jetzt _____.

4. Ich habe das Auto meines Vaters kaputt gefahren, und jetzt ist er

natürlich _____.

5. Ich habe heute mein Examen abgeschlossen! Gehen wir alle in die

Kneipe – ich _____!

6. _____! So schlimm ist eine schlechte Note auch nicht!

C. Suchen Sie in einem guten einsprachigen Wörterbuch die Definitionen für „taub", „gehörlos", „taubstumm" und „schwerhörig". Achten Sie auf die kleinen Unterschiede. Versuchen Sie dann selbst eine gute Übersetzung für jeden dieser Ausdrücke zu finden und ergänzen Sie die Lücken in den folgenden Sätzen:

Ich will kein Hörgerät tragen, nur weil ich ein bisschen

_____ bin.

Es ist traurig zu erleben, wie unsere Oma im Alter völlig

_____ und hilflos geworden ist.

Viele Menschen, die _____ auf die Welt kommen, lernen

nicht sprechen und bleiben _____.

II. Während und/oder nach dem Film

1. Richtig oder falsch?

	R	F
1. Die kleine Lara läuft oft mit ihren Eltern Schlittschuh.	R	F
2. Lara wurde adoptiert.	R	F
3. Die kleine Lara ist gut in der Schule.	R	F
4. Lara hat nicht viele Freunde.	R	F
5. Martin und Clarissa haben ein schwieriges Verhältnis.	R	F

6. Martins Mutter kann die Gebärdensprache.   R   F
7. Laras Eltern freuen sich auf Weihnachten mit der Großfamilie.   R   F
8. Laras Mutter lernt schnell Fahrrad fahren.   R   F
9. Laras Großeltern wohnen in Berlin.   R   F
10. Marie fährt allein mit dem Zug nach Berlin.   R   F
11. Martin reagiert hysterisch, als er Lara in Toms Armen sieht.   R   F
12. Clarissa und Gregor konnten keine Kinder haben.   R   F

2. Wählen Sie die richtige Antwort aus:

1. Laras Vater ist _____.
   a. Mechaniker
   b. Grafiker
   c. Gärtner

2. Laras Mutter holt Lara _____ aus dem Unterricht.
   a. oft
   b. nie
   c. jeden Tag

3. Am Heiligen Abend spielt _____ den Weihnachtsmann.
   a. Laras Opa
   b. Laras Onkel Gregor
   c. Laras Vater

4. Clarissa ist _____ Martin.
   a. jünger als
   b. älter als
   c. genauso alt wie

5. Laras Eltern _____.
   a. sind sehr arm
   b. haben keine Geldsorgen
   c. könnten etwas mehr Geld gebrauchen

3. Beantworten Sie folgende Fragen:

1. In welchen Situationen dolmetscht Lara für ihre Eltern? Nennen Sie mindestens drei. Markieren Sie außerdem die Situationen, in denen Lara absichtlich falsch dolmetscht!

_____

_____

2. Wann weigert sich Lara, zu dolmetschen?

_____

3. Welche Möglichkeiten haben gehörlose Menschen (im Film Kai und
   Martin), sich bemerkbar zu machen? Zum Beispiel: Licht an- und
   ausschalten. Nennen Sie mindestens vier weitere!

_____

_____

4. Wer singt in welcher Situation „Froh zu sein bedarf es wenig und wer
   froh ist, ist ein König"?

_____

5. Wie erkennt Lara, dass Marie hören kann?

_____

6. Welche Geräusche erklärt Lara ihrem Vater?

_____

7. Warum empfindet Martin die Musik so lange als Bedrohung?

_____

8. Was passiert in den Rückblenden?

_____

9. Warum tun Marie und ihre Freundin Bettina so, als hätte sich Marie
   verletzt?

_____

10. Was erfahren Martin und Kai an Clarissas Geburtstag? Wie reagiert
    Martin?

_____

11. Welche Einwände hat Tante Clarissa gegen Laras Musik?

_____

12. Warum wirft Martin Lara vor: „Deine Mutter hätte nie Fahrrad fahren lernen dürfen"?

_____

4. Lara und die Musik:

Bringen Sie die Stationen auf Laras Weg zur Musik in die richtige Reihenfolge. Ergänzen Sie die fehlenden Zahlen:

____1____ Lara hört Tante Clarissa und ihren Opa musizieren.

_____ Lara wird Mitglied im Schulorchester.

_____ Lara verbringt den Sommer in Berlin, um sich auf das Konservatorium vorzubereiten.

_____ Tante Clarissa schenkt Lara ihre alte Klarinette.

_____ Lara absolviert die Aufnahmeprüfung.

_____ Lara spielt im Schulkonzert.

_____ Lara spielt für Tom eine eigene Komposition.

_____ Herr Gärtner fördert Lara.

_____ Lara geht in das Giora-Feidman-Konzert.

5. Was unternimmt Lara bei ihrem ersten Besuch in Berlin?

a. _____

b. _____

c. _____

d. _____

e. _____

III. Nach dem Film

1. Die Figuren und ihre Beziehungen:

A. Die Charaktere:

Wählen Sie aus folgenden Adjektiven für jede Hauptfigur mindestens fünf aus:

> tolerant - intolerant - offen - verschlossen - heiter - schwermütig - optimistisch - pessimistisch - kompliziert - unkompliziert - verständnisvoll - schön - attraktiv - unattraktiv - egoistisch - altruistisch - sanft - aggressiv - talentiert - musikalisch - ruhig - unruhig - laut - ironisch - humorlos - humorvoll - lustig - traurig - treu - untreu - liebevoll - lieblos - melancholisch - fröhlich - ängstlich - ernst - mutig - schüchtern - locker - steif - schwach - stark

Natürlich können Sie auch andere Adjektive aussuchen, die Ihrer Meinung nach passen.

• Lara: _____

• Kai: _____

• Martin: _____

• Marie: _____

• Clarissa: _____

• Gregor: _____

• Tom: _____

• Laras Musiklehrer Herrn Gärtner: _____

Welche Figuren im Film sind Ihnen am sympathischsten? Warum?

_____

_____

Welche Figuren im Film sind Ihnen am unsympathischsten? Warum?

_____

_____

B. Die Beziehungen:

1. Beschreiben Sie die Beziehung zwischen ...

• Kai und Martin:

_____

_____

• Lara und Kai:

_____

_____

• Lara und Marie:

_____

_____

• Lara und Gregor:

_____

_____

• Martin und Clarissa:

_____

_____

2. Lara und Tom:

Warum interessiert sich Lara sofort für Tom?

_____

Was sind Toms Pläne?

_____

Was kritisiert Tom an Lara?

_____

3. Lara und Martin:

Beschreiben Sie die Beziehung zwischen Lara und ihrem Vater:

_____

_____

In welcher Szene ohrfeigt Martin Lara?

_____

_____

Ein einziges Mal hört man Martin sprechen. Was sagt er und in welcher Szene?

_____

_____

In welcher Szene sagt Martin zu Lara: „Manchmal wünschte ich, du wärst auch taub, dann wärst du ganz in meiner Welt"?

_____

_____

4. Lara und ihre Tante Clarissa:

Beschreiben Sie die Beziehung zwischen Lara und ihrer Tante. Warum sind Lara und Clarissa füreinander so wichtig?

_____

_____

Nummerieren Sie folgende Sätze, die Lara zu Clarissa sagt, in chronologischer Reihenfolge:

_____ „Ich bin nicht die Tochter, die du nie hattest. Und vor allem bin ich nicht du!"

_____ „Du siehst schön aus auf dem Foto."

_____ „Ich wollte immer so sein wie du."

_____ „Aber du hast nie seine (Martins) Sprache gelernt."

2. Weihnachten in einer deutschen Familie:

Hat Weihnachten für Sie eine Bedeutung? Feiert Ihre Familie religiöse Feiertage? Welches Fest ist in Ihrer Familie das wichtigste? Vergleichen Sie ein typisches Fest in Ihrer Familie mit dem Weihnachtsfest bei Familie Bischoff:

Was ist anders als   Was ist genauso wie

_____   _____

_____   _____

_____   _____

bei Ihnen zu Hause?

3. Eine deutsche Grundschule:

Was ist anders als   Was ist genauso wie

_____   _____

_____   _____

_____   _____

in Ihrem Land oder Staat?

4. Weiterführende Fragen für die Diskussion:

a. Welche Schauspieler haben Ihnen am besten gefallen? Welche am wenigsten? Gefällt Ihnen die Interpretin der kleinen oder der jugendlichen Lara besser? Warum?

b. Welche Familienfeste kommen in dem Film vor? Erinnern Sie sich auch in Ihrer eigenen Familie an ähnliche Konflikte? Warum streiten Familien generell häufig an Feiertagen oder Geburtstagen? Wie oft sehen Sie Ihre Familie im Jahr?

c. Warum geht Lara alleine ins Giora-Feidman-Konzert? Hätten Sie an ihrer Stelle jemanden dazu eingeladen?

d. Warum kommt Martin zu Laras Aufnahmeprüfung? Würden Sie sich darüber freuen, wenn Sie Lara wären?

e. „Vielleicht kann ich deine Musik nicht hören, aber ich werde versuchen, sie zu verstehen", sagt Martin am Ende zu Lara – was meint er damit? Was kann er konkret tun? Wie stellen Sie sich die weitere Entwicklung der Vater-Tochter-Beziehung vor?

f. Was meinen Sie: Besteht Lara die Aufnahmeprüfung? Begründen Sie Ihre Ansicht.

g. Die Darsteller von Laras Eltern sind gehörlos. Wie stellen Sie sich die Arbeit am Set mit diesen Schauspielern vor? Welche Bedeutung kann es für die beiden haben, in einem solchen Film zu spielen?

h. „Jenseits der Stille" war Caroline Links erster Film und kam 1998 in die Oscar-Endauswahl für den besten ausländischen Film. Finden Sie, er hätte den Oscar verdient? Oder wundern Sie sich über die Nominierung der Akademie?

5. Jetzt sind Sie dran:

a. Spielen Sie in Kleingruppen oder Paaren eine Szene Ihrer Wahl nach.
Sie werden sehen: Sie brauchen sehr wenig Text, gute Pantomime genügt.
Wenn Sie sprechen, dann bitte nur auf Deutsch! Spielen Sie Ihre Szene
der Klasse vor. Lassen Sie die Klasse raten: Welche Personen und welche
Szene stellen Sie dar?

b. Stellen Sie sich vor, Tom kommt nach seinem USA-Aufenthalt nach
Deutschland zurück. Lara holt ihn am Flughafen ab. Schreiben Sie in
Partnerarbeit einen kurzen Wiedersehens-Dialog. Üben Sie mehrmals
die Aussprache und Intonation. Spielen Sie den Dialog der Klasse vor.
Keine Angst vor Übertreibungen!

6. Weiterführende Fragen für die schriftliche Hausaufgabe:

a. Womit beginnt der Film? Was symbolisiert diese Szene Ihrer Meinung
nach?

b. Schuld und Zufall: Ist Lara mitschuldig am Tod ihrer Mutter?

c. „Ohne gesunden Egoismus kommt man nicht weit." Kommentieren Sie
diese Redensart im Zusammenhang mit Laras Rückkehr nach Berlin
(nach dem Tod ihrer Mutter) und Ihren eigenen Erfahrungen.

d. Ausziehen von zu Hause, die Suche nach dem eigenen Weg – war das für
Sie auch mit so vielen Konflikten verbunden? Berichten Sie.

e. Immer mehr hörende Menschen lernen heute die Gebärdensprache. Was
halten Sie von dieser Tendenz? Wären Sie bereit, die Gebärdensprache
zu lernen?

f. Tom sagt zu Lara: „In den USA sind die da schon viel weiter als wir."
Welche Unterschiede bestehen zwischen Deutschland und den USA in
der gesellschaftlichen Akzeptanz und Förderung von Gehörlosen?
Was erlebt Lara in der Berliner Gehörlosenschule, in der Tom arbeitet?
Haben Sie Erfahrungen mit einer nordamerikanischen Gehörlosen-
schule?

g. Bei dem großen Streit mit ihrem Vater, nach dem sie nach Berlin zurück-
fährt, benutzt Lara sehr verletzende Worte. Schreiben Sie einen Ent-
schuldigungsbrief Laras an ihren Vater oder einen Brief Martins an seine
Tochter. Versuchen Sie, die familiären Spannungen damit zu lösen.

7. Themen für ein Referat oder eine schriftliche Hausarbeit:

a. Die Gallaudet-Schule in Washington.

b. Die Hochschule der Künste (heute UdK, Universität der Künste) in
Berlin. Studienfächer, Aufnahmebedingungen und Erfolgsquoten der
Bewerbungskandidaten.

c. Die Klezmer-Musik – Ursprünge und bekannte Lieder oder Interpreten. Seit wann spielt diese Musik auch in der modernen westlichen Welt eine Rolle?

d. Howie Seago – gehörloser Schauspieler, Regisseur und Psychologe. Ein Lebenslauf.

e. Der Film „Stille Liebe" (Schweiz 2001) mit Emmanuelle Laborit – eine Liebesgeschichte zwischen zwei Gehörlosen.

f. Eine berühmte Gehörlose und Blinde: Helen Keller – ein Portrait.

8. Internet:

a. Entscheiden Sie sich für eine deutsche Stadt und suchen Sie darin nach mindestens fünf Kinos. Versuchen Sie herauszufinden, ob es sich eher um Programmkinos oder Multiplex-Kinos handelt. Drucken Sie das Programm eines Kinos aus und unterstreichen Sie mindestens fünf Filmtitel und zu welchen Uhrzeiten sie laufen. Erkennen Sie einige Filmtitel? Wenn ja, notieren Sie auch den englischen Titel und/oder lassen Sie die Klasse raten.

b. Suchen Sie mindestens fünf deutsche Rezensionen von „Jenseits der Stille". Drucken Sie die Rezensionen aus und bringen Sie sie mit in den Unterricht. Unterstreichen Sie Stellen, die besonders gute Argumente für oder gegen die Qualität des Films beinhalten und lesen Sie diese der Klasse vor.

c. Suchen Sie den englischen Titel des Films. Suchen Sie mindestens fünf Rezensionen des Films in englischer Sprache. Vergleichen Sie Ihre Ergebnisse mit Kursteilnehmern, die die Aufgabe 8.b.übernommen haben. Sind die Beurteilungen ähnlich oder anders als in den deutschen Rezensionen?

d. Caroline Link drehte nach „Jenseits der Stille" einen Kinderfilm. Wie heißt er? Die Romanvorlage ist von einem berühmten deutschen (Kinderbuch-)Autor. Finden Sie seinen Namen heraus und informieren Sie sich über sein Leben und Werk.

e. Informieren Sie sich über Ausbildungsmöglichkeiten für Gehörlose in Deutschland bzw. den USA (bzw. in Ihrem Land). Welche Institutionen gibt es? Gibt es Integrationsprogramme für Gehörlose an staatlichen Schulen und Universitäten? Versuchen Sie, Fernsehsendungen oder Theateraufführungen mit Gebärdendolmetschern zu finden. In welchem Land finden Sie mehr davon?

f. Suchen Sie Informationen über das Leben der zu 80% gehörlosen, schottischen Percussionistin Evelyn Glennie und der gehörlosen deutschen Balletttänzerin Sarah Neef. Sie stehen im Mittelpunkt der Dokumentarfilme „Touch the Sound" (2004) bzw. „Im Rhythmus der Stille" (2003).

g. Suchen Sie den Text des deutschen Sängers Herbert Grönemeyer „Sie mag Musik nur, wenn sie laut ist" und besprechen Sie ihn gemeinsam in der Klasse. Wenn Sie möchten, versuchen Sie weitere Strophen dazu zu schreiben.

Ein Film von Joseph Vilsmaier

COMEDIAN
HARMONISTS

2

Comedian Harmonists

(1997)

DER FILM:
Laufzeit: 115 Minuten
Regie & Kamera: Joseph Vilsmaier
Drehbuch: Klaus Richter
Darsteller / Darstellerinnen: Ulrich Noethen (Harry Frommermann),
Ben Becker (Robert Biberti), Heinrich Schafmeister (Erich A. Collin),
Kai Wiesinger (Erwin Bootz), Heino Ferch (Roman Cycowski), Max Tidof
(Ari Leschnikoff), Meret Becker (Erna Eggstein), Katja Riemann (Mary
Cycowski), Noemi Fischer (Chantal), Dana Vávrová (Ursula Bootz),
Rolf Hoppe (Gauleiter Streicher) u.a.

Handlung: Berlin 1927. Der zwanzigjährige, arbeitslose Künstler
Harry Frommermann sucht per Anzeige „schönklingende Stimmen", um
mit ihnen eine A-cappella-Gruppe nach dem Vorbild der amerikanischen
„The Revellers" zu gründen. Als erster stößt der Bariton Robert Biberti
zu Harry, gemeinsam entscheiden sie sich für drei weitere Sänger und
einen Pianisten. Nach gewissen Anfangsschwierigkeiten feiern sie als
„Comedian Harmonists" große Erfolge. Was sich in den 30er Jahren in
Deutschland anbahnt, wird ihnen allerdings erst bewusst, als der NS-
Staat sie vor die Alternative stellt: Berufsverbot oder Trennung von ihren
drei jüdischen Mitgliedern ...

Hintergrundinformationen: „Je dunkler die Zeiten, desto heller
müssen die Theaterlichter strahlen!", sagt der Varietékönig Erik Charell
beim ersten Vorsingen der Harmonists und bringt damit die Stimmung
im Berlin der Weimarer Republik auf den Punkt, welche den Hintergrund zu den ersten Auftritten und dem bald überwältigenden Erfolg des
Männersextetts bietet. Einerseits werden die Jahre zwischen den Welt-

kriegen von großen wirtschaftlichen Problemen wie der exorbitanten Inflation und der hohen Arbeitslosigkeit geprägt, doch andererseits entwickelt sich vor allem Berlin zu einem großartigen Kulturzentrum von un-
geheuerer Produktivität und Vielseitigkeit. Mit der Machtergreifung der
Nationalsozialisten 1933 nehmen die „goldenen Jahre" allerdings ein jähes
Ende.

I. Vor dem Film

1. Zum Einstieg:

1. Wie wichtig ist Ihnen Musik? Welche Musik hören Sie am liebsten?
   Spielen Sie selbst ein Instrument oder singen Sie?
2. Sind Sie schon einmal vor einem Publikum aufgetreten? Wie war diese
   Erfahrung für Sie? Welche Schwierigkeiten, welche Erfolgserlebnisse gab
   es? Welche Gefühle hatten Sie vor, während und nach dem Auftritt?
3. Kennen und mögen Sie Lieder aus den 20er und 30er Jahren? Welche
   Namen fallen Ihnen ein, wenn Sie an die Musikszene jener Jahre denken?
   Kennen Sie „The Revellers"? Kennen Sie deutsche Volkslieder?
4. Was bedeutet wohl der Begriff „die goldenen 20er Jahre"? Gab es in
   Ihrem Land etwas Entsprechendes?

2. Wortschatz:

die Anzeige	notice
der Auftritt	public appearance
etwas ausarbeiten	to work something out
das Beerdigungsinstitut	funeral home
das Grab	grave
ein Hühnchen mit jemandem zu rupfen haben	to have a bone to pick with somebody
der Kaffeehausklimperer	third-rate pianist
der Papagei	parrot
proben	to rehearse
sich produzieren	to show off
das Puff	whorehouse, cathouse
die Schickse	gentile (woman)
der Verfolgungswahn	persecution mania
die Vorladung	summons
verstimmt (Musikinstrument)	out of tune

Typisch Nazideutschland / Zweiter Weltkrieg:

der Arier	Aryan
der Gauleiter	head of a Nazi administrative district
die Rassengesetze	racial laws discriminating against Jews
die Reichskulturkammer	institution responsible for the control over any cultural production in Nazi Germany
die Reichsmusikkammer	one of the seven departments of the „Reichskulturkammer"
das Winterhilfswerk	winter relief welfare organization

3. Wortschatzübungen:

A. Setzen Sie passende Ausdrücke aus der Vokabelliste ein:

1. Im Briefkasten liegt eine _____ vom Gericht.

2. Du siehst Gespenster, du leidest wohl unter _____!

3. Ich ging zum Friedhof und brachte frische Blumen an

    _____ meiner Eltern.

4. Nach dem, was du mir angetan hast, habe ich _____.

5. Die Schauspieler haben sechs Monate für dieses Stück

    _____.

6. Auf dem Klavier kann ich nicht spielen, das ist ja völlig

    _____.

B. Ordnen Sie den Wörtern in der linken Spalte die richtige Bedeutung in der rechten Spalte zu!

das Puff	schlechter Klavierspieler
die Schickse	sich selbst in den Vordergrund spielen
sich produzieren	im Detail ausführen
die Anzeige	das Bordell
der Kaffeehausklimperer	nicht-jüdisches Mädchen
ausarbeiten	die Annonce

II. Während und/oder nach dem Film

1. Richtig oder falsch?

1. Harry jobbt anfangs als Schauspieler.	R	F
2. Harry hat keine Eltern mehr.	R	F
3. Harry hat Musik studiert.	R	F
4. Die Grünbaums sind sehr streng zu Erna.	R	F
5. Hans und Erna studieren zusammen.	R	F
6. Ari hat eine feste Freundin.	R	F
7. Für Roman ist seine Religion sehr wichtig.	R	F
8. Erich kommt aus reicher Familie.	R	F
9. Die Grünbaums haben zwei Söhne im Ersten Weltkrieg verloren.	R	F
10. Harry ist begeistert von Ernas neuer Frisur.	R	F
11. Harry weiß nicht, was Erna studiert.	R	F
12. Robert geht mit allen seinen Freundinnen zum Boxkampf.	R	F
13. Einige hohe Nazifunktionäre protegieren zunächst die Harmonists.	R	F
14. Die Harmonists singen nur auf Deutsch.	R	F
15. Harry bleibt als einziger in New York.	R	F
16. Robert hat Erna nie wirklich geliebt.	R	F

2. Wählen Sie die richtige Antwort aus:

1. Harrys Papagei heißt _____.

      a. Paganini
      b. Papageno
      c. Papallo

2. _____ hatte(n) zuerst die Idee, eine „deutsche Version" der Revellers zu gründen.

      a. Robert
      b. Harry
      c. Beide

3. Ari ist _____.

      a. Rumäne
      b. Bulgare
      c. Italiener

4. Die Harmonists proben _____ vor ihrem ersten Vorsingen beim Agenten Levy.

        a. ein Jahr

        b. drei Monate

        c. ein halbes Jahr

5. _____ findet den Namen für die Gruppe.

        a. Erik Charell

        b. Harry

        c. Robert

6. Robert zieht zunächst _____ in seine neue Wohnung.

        a. mit seiner Freundin

        b. mit seiner Mutter

        c. alleine

7. Erna und Robert küssen sich das erste Mal _____.

        a. im Schwimmbad

        b. im Musikgeschäft

        c. beim Boxkampf

8. Erwin lässt sich von Ursula offiziell wegen _____ scheiden.

        a. einer neuen Frau

        b. Ursulas jüdischen Herkunft

        c. unüberbrückbarer Gegensätze

9. Das letzte Konzert der Harmonists findet in _____ statt.

        a. Nürnberg

        b. Berlin

        c. München

3. Beantworten Sie folgende Fragen:

1. Wie ist die finanzielle Lage Harry Frommermanns am Anfang des Films? Worin äußert sich das?

_____

2. Warum melden sich so viele Männer auf Harrys Anzeige?

_____

3. Warum proben die Harmonists zeitweise „chez Ramona"?

_____

4. Was passiert im Schwimmbad? Wie reagiert Erna?

_____

5. Warum kauft Robert den Steinway-Flügel?

_____

6. Warum nimmt Harry das Angebot einer „freien Runde" im Lokal „chez Ramona" nicht an? Wie reagiert die Prostituierte?

_____

7. In welcher Szene hört man Hitlers Stimme?

_____

8. Wie reagiert Harry, als Erna ihm den anonymen Brief zeigt? Was ist Ernas Antwort?

_____

9. Was ergibt das Gespräch in der Reichsmusikkammer?

_____

10. Wann erfährt Harry, dass Erna zu Robert gezogen ist?

_____

11. Warum kann Harry das Lied „In einem kühlen Grunde" nicht zu Ende singen?

_____

12. Welche Neuigkeit hat Harry für die Gruppe, als sie alle zusammen bei Robert und seiner Mutter Braten essen?

_____

13. Warum bleiben die Harmonists nicht in New York?

_____

14. Harry besucht dreimal das Grab seiner Eltern. Was sagt er zu ihnen beim

    a. ersten Mal?   _____

    b. zweiten Mal?   _____

    c. dritten Mal?   _____

15. Wie reagiert das Publikum auf das Lied „Auf Wiedersehen, my dear"?

_____

16. Wer steigt am Ende in den Zug nach Wien?

_____

17. Was erfahren wir im Nachspann über das weitere Leben folgender Personen?

    a. Harry und Erna:

_____

    b. Robert Biberti:

_____

    c. Ari Leschnikoff:

_____

    d. Roman und Mary:

_____

    e. Erwin Bootz:

_____

f. Erich A. Collin:

_____

4. Wer sagt im Film zu wem die folgenden Sätze?

Beispiel: „Schade – sehr schade."

Gauleiter Streicher zu den Harmonists

1. „Tanzen ist eher was für Mäuse."

2. „Bist du ja schon gewaschen!"

3. „Wer sich nicht ins Wasser traut, der lernt nie schwimmen."

4. „Diese Rosen sind sicher nicht für meine Frau."

5. „So tief bist du schon gesunken. Ein deutsches Mädel – und gibt sich mit solchen Kerlen ab. Womöglich ist er auch noch Jude!"

6. „Sei doch froh, dass du eine Jüdin geheiratet hast. So hast du Familie überall."

7. „Mein Gott, was kann jetzt noch kommen? Eigentlich nur noch der Abstieg."

8. „Ach was, das waren dumme Jungens. Wer keine Arbeit hat, kommt eben auf dumme Gedanken!"

9. „Wir treten morgen in der Philharmonie auf – das ist die Realität."

10. „Ein Egozentriker bist du und wenn du mir das nicht glaubst, dann geh und frag deine Freundin!"

11. „Harry hat wirklich nur die Musik im Kopf!"

12. „Wir sind doch keine Unmenschen!"

13. „Jude bleibt Jude, da hilft auch kein Wasser."

14. „New York ist fast so schön wie Berlin."

15. „Wir müssen alle Opfer bringen!"

16. „Pass mir auf die Kleine auf! Sonst komm ich und stoß dich aus dem Anzug!"

5. Das Aufkommen des Nationalsozialismus:

Die folgenden Ereignisse aus dem Film zeigen, wie der Nationalsozialismus zunehmend im öffentlichen und privaten Leben an Einfluss gewinnt. Bringen Sie sie in die richtige Reihenfolge, indem Sie die fehlenden Zahlen ergänzen:

_____1_____ Hans beschimpft im Schwimmbad Erna und die Harmonists.

_____ Erna wird aus dem Geschäft der Grünbaums herausgeprügelt.

_____ Die Harmonists werden in die Reichskulturkammer bestellt.

_____ Die Schaufenster des Musikgeschäfts der Grünbaums werden mit Naziparolen verschmiert.

_____ Erna bekommt als „Judenliebchen" einen anonymen Brief.

_____ Gauleiter Streicher lädt die Harmonists zu sich nach Hause ein. Sie sollen Eichendorffs „In einem kühlen Grunde" für ihn singen.

_____ Die Harmonists werden verboten.

_____ Die drei jüdischen Mitglieder der Harmonists verlassen Deutschland.

_____ Hitlers Stimme kommt aus dem Radio.

_____ Beim Konzert der Harmonists in Nürnberg schreien einige aus dem Publikum: „Juden raus!" Gauleiter Streicher greift ein: „Bitte machen Sie weiter, meine Herren!"

III. Nach dem Film

1. Die Figuren und ihre Beziehungen:

A. Die Charaktere:

Wählen Sie aus folgenden Adjektiven für jede Hauptfigur mindestens drei aus:

> heiter - schwermütig - verständnisvoll - egoistisch - altruistisch - sanft - aggressiv - lustig - traurig - liebevoll - lieblos - unentschlossen - hilfsbereit - fleißig - faul - naiv - zielbewusst - arm - reich - fanatisch - intelligent - schüchtern - draufgängerisch - selbstbewusst - pünktlich - unpünktlich - irrational - vernünftig - ruhig - verwöhnt - humorvoll - humorlos - perfektionistisch - pragmatisch - hübsch - attraktiv - unattraktiv - zufrieden - unzufrieden - stark - schwach - laut - gutmütig - gemein - sprunghaft - zuverlässig - diszipliniert - undiszipliniert - impulsiv - mutig - verschlossen - realistisch - verträumt - ängstlich - kompromissbereit - kompromisslos - eifersüchtig

Natürlich können Sie auch andere Adjektive aussuchen, die Ihrer Meinung nach passen.

• Harry Frommermann: _____

• Robert Biberti: _____

• Erna Eggstein: _____

• Erich A. Collin: _____

• Erwin Bootz: _____

• Roman Cycowski: _____

• Mary Cycowski: _____

• Ari Leschnikoff: _____

B. Die Beziehungen:

1. Beschreiben Sie die Beziehung zwischen ...

• Harry und Robert:

_____

_____

• Erwin und Ursula:

_____

_____

• Roman und Mary:

_____

_____

• Erich und Chantal:

_____

_____

• Harry und Erna:

_____

_____

• Robert und Erna:

_____

_____

2. Warum ist Erna so zwischen Harry und Robert hin- und hergerissen?
Was liebt sie an Harry, was an Robert? Warum kann sie sich so lange
nicht entscheiden? Warum entscheidet sich Erna schließlich für Harry?

_____

_____

3. Welche Fehler machen Ihrer Meinung nach Harry und Robert Erna
gegenüber?

_____

_____

4. Welche Fehler macht Erna Harry und Robert gegenüber?

_____

_____

5. Beschreiben Sie das Verhältnis zwischen Robert und seiner Mutter.
Was erfahren wir über den Vater? Wie verhält sich die Mutter Erna
gegenüber?

_____

_____

2. Die Musik:

An welche Lieder aus dem Film erinnern Sie sich besonders? Welches Lied
gefällt Ihnen persönlich am besten?

_____

Welches Lied verbindet Harry und Erna?

_____

Mit welchem Lied nehmen die Harmonists Abschied von ihrem Publikum?

_____

Welche Stimmung verbreitet das Lied „Veronika, der Lenz ist da?"
Wie erklären die Harmonists Ari die Zeile „Veronika, der Spargel wächst"?

_____

_____

Falls Ihnen diese Aufgabe schwer fällt, machen Sie vorher die Internet-
übung 7.e.

3. Weiterführende Fragen für die Diskussion:

a. Welche Szene finden Sie am besten? Welche am traurigsten? Am schönsten? Warum?
b. Der Abspann informiert kurz über das weitere Leben der wichtigsten
   Personen des Films – welche Biographien finden Sie überraschend?
   Welche finden Sie gar nicht überraschend?
c. Welches Bild der USA vermittelt der Film? Was unternehmen die Harmonists in den USA, wo treten sie auf? Wie erfolgreich sind sie dort?
d. Alle Mitglieder der Harmonists verschließen, so lange es möglich ist, die
   Augen vor den politischen Entwicklungen. Können Sie das verstehen
   oder hätten Sie vielleicht anders reagiert?
e. Wie würden Sie das Verhältnis zwischen Harry und Robert definieren?
   Sind die beiden Freunde oder nur Kollegen? Rivalen oder Kameraden?
   Wie ehrlich sind sie miteinander? Denken Sie aus persönlicher Erfahrung, dass gute Freunde sich eher ähneln oder gegensätzlich sein
   sollten?
f. Bei der Rückkehr der Harmonists aus den USA hängt am Bahnhof ein
   großes Spruchband „Willkommen in Deutschland". Später sagt Erna zu
   Harry „Willkommen zu Hause". Was bedeuten diese Willkommensgrüße
   für Harry?
g. Was assoziieren Sie mit dem Bild des davonfahrenden Zuges in der
   Schlusssequenz? Kennen Sie andere Filme über Nazideutschland, in
   denen Züge eine Rolle spielen? Warum hat der Regisseur Ihrer Meinung
   nach diese Schlussszene gewählt?
h. Stellen Sie sich vor, Sie wären der Regisseur. Welche Herausforderung
   bringt die Probenarbeit mit den Schauspielern speziell in diesem Film
   mit sich? Wie würden Sie diese Probleme lösen?

4. Jetzt sind Sie dran:

a. Spielen Sie in Kleingruppen oder Paaren eine Szene Ihrer Wahl nach.
   Sie werden sehen: Sie brauchen sehr wenig Text, gute Pantomime genügt.
   Wenn Sie sprechen, dann bitte nur auf Deutsch! Spielen Sie Ihre Szene

der Klasse vor. Lassen Sie die Klasse raten: Welche Personen und welche Szene stellen Sie dar?

b. Stellen Sie sich vor, Robert und Harry sehen sich nach 1945 wieder. Schreiben Sie in Zweiergruppen einen Wiedersehens-Dialog. Üben Sie mehrmals die Aussprache und Intonation. Spielen Sie die Szene der Klasse vor. Keine Angst vor Übertreibungen!

c. Was denkt und fühlt Erna, als sie weinend im Publikum sitzt? Schreiben Sie zu zweit einen Monolog.

d. Bilden Sie größere Gruppen. Wenn Sie musikalisch sind, singen und spielen Sie ein Lied der Harmonists (wahrscheinlich einstimmig, eventuell mit Akkordbegleitung, z.B. Keyboard oder Gitarre) nach und/oder schreiben Sie gemeinsam ein Lied im Stil der Harmonists. Zwingen Sie niemanden zum Singen, sondern verteilen Sie die Aufgaben je nach Talent und Interesse: das Texten, das Arrangieren, die instrumentale Untermalung, das Singen, den Lead- und Backgroundgesang, das Kostümieren, die Maske. Alternativ besorgen Sie sich eine CD der Harmonists und machen Sie eine Playback-Show. Organisieren Sie einen Auftritt der verschiedenen Gruppen. Wenn Sie möchten, besorgen Sie sich eine Videokamera und nehmen Sie die Ergebnisse auf Video auf.

5. Weiterführende Fragen für die schriftliche Hausaufgabe:

a. Mögen Sie die Musik der Comedian Harmonists? Warum (nicht)? Was bedeutet Ihnen Musik? Genießen Sie sie eher passiv oder machen Sie auch aktiv Musik? In welchen Situationen hören Sie Musik? Gehen Sie häufig in Konzerte? Gibt es Lieder oder Stücke, mit denen Sie etwas Besonderes verbinden? Erzählen Sie.

b. Beschreiben Sie das Ehepaar Grünbaum. Fühlen sich die beiden eher als Deutsche oder als Juden? Wie reagieren sie auf die ersten Aggressionen der Nationalsozialisten? Glauben Sie, dass ihr Verhalten für deutsche Juden der Zeit repräsentativ war? Warum ist ihre Haltung so tragisch?

c. Beschreiben Sie das Aussehen und die Persönlichkeit Gauleiter Streichers. Gehen Sie vor allem auf seinen Musikgeschmack ein. Entspricht oder widerspricht Gauleiter Streicher Ihren Vorstellungen von einem Nazi? Inwiefern?

6. Themen für ein Referat oder eine schriftliche Hausarbeit:

a. Eberhard Fechners Buch „Die Comedian Harmonists. Sechs Lebensläufe" – ein Vergleich mit dem Film.

b. Die 20er Jahre in Deutschland. Gehen Sie vor allem auf die Inflation und deren Ende, die Arbeitslosigkeit und den Börsenkrach ein. Beschreiben Sie außerdem die Kultur der „goldenen 20er Jahre" in Berlin unter besonderer Berücksichtigung der Musikszene.

c. Die Reichskulturkammer – ihre Aufgaben, ihre Struktur, ihr Gründer. Erklären Sie in diesem Zusammenhang die Begriffe „Entartete Kunst" und „Ariernachweis". Wie definierten die Nationalsozialisten „gute Kunst"?

7. Internet:

a. Surfen Sie auf der Website der „Comedian Harmonists". Informieren Sie sich genauer als es der Filmabspann tut, über dasjenige Mitglied der Harmonists, das Sie am meisten interessiert. Informieren Sie sich außerdem über den Schauspieler / die Schauspielerin, der/die Ihnen am besten gefallen hat. Stellen Sie beide der Klasse vor.
b. Der Film erzählt einige Episoden der Geschichte der „Comedian Harmonists" nicht. Lesen Sie sich auf der Website der „Comedian Harmonists" ihre Geschichte durch und berichten Sie der Klasse davon. Achten Sie besonders auf folgende Punkte: Wie hielten sich die „Comedian Harmonists" vor ihrem ersten Auftritt finanziell über Wasser? In welcher Stadt hatten sie ihren ersten bahnbrechenden Erfolg? Wo hatten sie ihren ersten Auslandsauftritt? In welchem Film traten sie gemeinsam auf?
c. Informieren Sie sich über die Karriere des Regisseurs Joseph Vilsmaier. Suchen Sie ein Interview mit ihm über diesen Film und fassen Sie die wichtigsten Punkte zusammen.
d. Wie viele CDs existieren von den „Comedian Harmonists"? Bringen Sie die Ausdrucke einiger Cover mit in die Klasse!
e. Suchen Sie die Texte folgender Lieder der „Comedian Harmonists" und bringen Sie sie mit in den Unterricht. Versuchen Sie eine gute Übersetzung des Liedes, das Ihnen am besten gefallen hat.
   „Veronika, der Lenz ist da"
   „Irgendwo auf der Welt"
   „Mein kleiner grüner Kaktus"
   „Auf Wiedersehen, my dear"
   „Mein lieber Schatz, bist du aus Spanien"
f. Suchen Sie den Text des Liedes „Ein Freund, ein guter Freund" von den „Comedian Harmonists". Sind Sie der Meinung, das Lied würde gut in den Film passen? Warum (nicht)?
g. Suchen Sie Eichendorffs Gedicht „In einem kühlen Grunde" und drucken Sie es für die Klasse aus. Informieren Sie sich auch über Eichendorff. Wann wurde das Gedicht geschrieben und von wem wurde es vertont?

3
Lola rennt

(1998)

DER FILM:
Laufzeit: 81 Minuten
Drehbuch & Regie: Tom Tykwer
Kamera: Frank Griebe
Schnitt: Mathilde Bonnefoy
Darsteller / Darstellerinnen: Franka Potente (Lola), Moritz Bleibtreu (Manni), Herbert Knaup (Lolas Vater), Armin Rohde (Herr Schuster, Wachmann), Joachim Król (Norbert von Au, Penner), Heino Ferch (Ronnie, Autodealer), Nina Petri (Jutta Hansen, Geliebte), Suzanne von Borsody (Frau Jäger, Bankangestellte), Lars Rudolph (Kassierer Kruse), Ludger Pistor (Herr Meyer), Sebastian Schipper (Mike, Typ auf dem Fahrrad) u.a.

Handlung: Manni und seine Freundin Lola leben in Berlin. Manni jobbt als Geldkurier für einen Autodealer. Eigentlich sollte Lola ihn nach seinem letzten großen Geschäft mit dem Mofa abholen, doch sie kommt nicht zum Treffpunkt. Also nimmt Manni die U-Bahn, wo er auf der Flucht vor Kontrolleuren die Tasche mit 100 000 Mark liegen lässt. Ihm bleiben exakt zwanzig Minuten, um den ganzen Betrag wiederzubeschaffen, denn dann erwartet sein Boss das Geld und der versteht keinen Spaß. Manni ruft verzweifelt bei Lola an. Die verliert nicht den Mut und rennt los ...

Hintergrundinformationen: „Lola rennt" war eines der Highlights in der deutschen Filmlandschaft der 90er, das nicht nur bei einheimischem, vor allem jüngerem Publikum und Kritikern Anklang fand, sondern auch im Ausland große Erfolge feierte. Der Film begeisterte nicht nur durch seine formale Originalität und seine Nähe zum Pop, sondern auch durch seine gelungene Mischung aus Action, Tiefsinn und unterhaltsamer Leichtigkeit, und widersprach damit dem gängigen und (nicht selten auch zutreffenden) Vorurteil über den „anstrengenden" deutschen Film. Außerdem verschafft er einen frischen Blick auf Berlin als Hauptstadt des wiedervereinigten Deutschland.

I. Vor dem Film

1. Zum Einstieg:

1. Manchmal kann im Leben eine einzige Minute entscheidend sein. Waren Sie schon einmal in einer solchen Situation?
2. Sie brauchen dringend und sehr schnell eine große Summe Geld. Was tun Sie? An wen wenden Sie sich?
3. Ein guter Freund oder eine gute Freundin steckt durch eigene Schuld in Schwierigkeiten. Wie reagieren Sie?
4. Wie schätzen Sie sich selbst ein? Haben Sie im Leben eher Glück oder Pech?
5. Haben Sie schon einmal etwas Illegales getan? Könnten Sie sich vorstellen, in einer Notlage kriminell zu werden?

2. Wortschatz:

der Anfänger / die Anfängerin	beginner
der Banküberfall	bank raid
die Geisel	hostage
die Geliebte	mistress
die Glasplatte	glass top
der Krankenwagen	ambulance
die Nonne	nun
pünktlich	on time
schießen	to shoot
der Unfall	accident
das Verhältnis	*here:* affair
der Wachmann	watchman
der Zufall	chance, coincidence

Typisch Deutsch:

Konties	Kontrolleure in öffentlichen Verkehrsmitteln	ticket inspectors
Ostberlin	Hauptstadt der ehemaligen DDR, heutiger Ostteil der Stadt	East Berlin

3. Wortschatzübungen:

A. Entscheiden Sie sich für einen der beiden Ausdrücke in Klammern:

1. Manni macht alles falsch, weil er (Anfänger / Wachmann) ist.

2. Lolas Tod war ein schrecklicher (Anfall / Unfall).

3. Lolas Vater hat schon seit Jahren eine (Geisel / Geliebte).

4. Vieles in diesem Film hängt nur vom (Zufall / Verhältnis) ab.

5. Der junge Mann lag schwer verletzt auf der Straße und wir riefen sofort
   (die Feuerwehr / den Krankenwagen).

B. Suchen Sie jeweils eine unterschiedliche Übersetzung für folgende Synonyme von „rennen" und bilden Sie mit jedem Verb einen sinnvollen Satz:

eilen	_____	jagen	_____
rasen	_____	flitzen	_____
stürmen	_____	stürzen	_____
sausen	_____	sprinten	_____

C. Denken Sie sich für folgende deutsche Slangausdrücke treffende, idiomatische Entsprechungen im Englischen aus. Benutzen Sie, wenn möglich, kein Wörterbuch, sondern Ihre Fantasie. Vergleichen Sie Ihre Ergebnisse in Kleingruppen.

Slang-Deutsch	Standarddeutsch	Standardenglisch	Slang-Englisch
abhauen	verschwinden	to go away	to take off
der Bulle	*pejorativ für:* Polizist	police officer	_____
die Kippe	die Zigarette	cigarette, cigarette butt	_____
klauen	stehlen	to steal	_____

einen Knall haben, spinnen	verrückt sein	to be crazy	_____
der Penner / die Pennerin	der/die Obdachlose	homeless person	_____
ratz fatz, dalli	ganz schnell	very fast	_____
sich am Riemen reißen	sich beherrschen	to control oneself	_____
das ist scheißegal	das ist ganz gleich	it doesn't matter	_____
der Schiss	die Angst	fear	_____
die Schlampe / die Tussie	*pejorativ für:* die Frau	woman, girl	_____
die Schnauze / Klappe halten	den Mund halten	to shut up	_____
etwas verbocken / versauen	etwas ruinieren	to ruin something	_____

II. Während und/oder nach dem Film

1. Richtig oder falsch?

1. Manni ist ein professioneller Gangster.	R	F
2. Lola ist normalerweise immer pünktlich.	R	F
3. Lola hat ein herzliches Verhältnis zu ihrem Vater.	R	F
4. Lolas Eltern sind geschieden.	R	F
5. Die Frau bei der Telefonzelle ist taub.	R	F
6. Lola kann sehr gut mit einem Revolver umgehen.	R	F
7. Herr Meyer hat einen Autounfall.	R	F
8. Lola besucht ihren Vater selten bei der Arbeit.	R	F
9. Der Penner fliegt mit dem Geld sofort nach Florida.	R	F
10. Manni ruft in seiner Verzweiflung nur Lola an.	R	F
11. Lolas Mutter hat Alkoholprobleme.	R	F

2. Wählen Sie die richtige Antwort aus:

1. Manni ruft Lola an, weil Lola _____.
   - a. immer eine Idee hat
   - b. an allem schuld ist
   - c. mit ihm aus Berlin fliehen soll

2. Lola und Manni sind seit _____ ein Paar.
   - a. drei Monaten
   - b. über einem Jahr
   - c. vier Jahren

3. Lolas Mutter bittet Lola, _____ einzukaufen.
   - a. Shampoo
   - b. Brot
   - c. Tabletten

4. Wie viel Uhr ist es, als Lola losrennt?
   - a. 12.00
   - b. 11.40
   - c. 11.30

5. Der Supermarkt, den Manni überfällt, heißt _____.
   - a. Spirale
   - b. Bolle
   - c. Casino

6. Lola kann im Spielcasino _____ setzen.
   - a. 1000 DM
   - b. 100 DM
   - c. 10 DM

7. Im Film ist _____ eine Uhr zu sehen.
   - a. weniger als fünf Mal
   - b. fünf bis zehn Mal
   - c. mehr als zehn Mal

8. Wie viel Geld haben Lola und Manni am Ende des Films? _____
   - a. 122 500 DM
   - b. 100 000 DM
   - c. 1 000 000 DM

3. Beantworten Sie folgende Fragen:

1. Mit welchem Geräusch beginnt der Film?

---

2. Zählen Sie ein paar Dinge in Lolas Zimmer auf, die ungewöhnlich sind:

---

3. Wer fällt Lola ein, als sie sich fragt, wer ihr helfen könnte

   („Wer? Wer?")?

---

4. Nennen Sie mindestens drei Personen, die Lola trifft, während sie durch Berlin rennt:

   a. _____

   b. _____

   c. _____

5. Was meint der Vater damit, als er zu Lola sagt, sie sei ein „Kuckucksei"?

---

6. Lola setzt im Casino zweimal auf die Zahl _____, Farbe

   _____.

7. Bei welchen Personen sehen wir im Schnelldurchlauf deren Zukunft? („Und dann ... ")

---

8. Wann hören wir Lolas innere Stimme sagen: „Komm schon. Hilf mir. Bitte. Nur dieses eine Mal. Ich werd einfach weiterlaufen, okay? Ich warte ... Ich warte. Ich warte!"? Zu wem spricht sie da? Was passiert danach?

---

9. Mit welchem Satz endet der Film?

_____

4. Wer sagt im Film zu wem die folgenden Sätze?

Beispiel: „Dein Herz sagt: Guten Tag, Manni, die da, die isses."

        Lola zu Manni

1. „Ich bin so ein beschissener Anfänger!"

2. „Ronnie hat gesagt, die machen 200 000 am Tag und jetzt ist Mittag, da muss doch die Hälfte da sein!"

3. „Lola, Lola, die Hausprinzessin!"

4. „Ich werde versuchen, glücklich zu sein!"

5. „Jeder hat mal einen schlechten Tag, hm?"

6. „Ich will überhaupt nichts hören, ich will wissen, was du fühlst."

7. „Wenn ich jetzt sterben würde – was würdest du machen?"

8. „Was ist denn los? Willst du irgendwie weg von mir?"

9. „Ich würd mit dir ans Meer fahren und dich ins Wasser schmeißen – Schocktherapie."

10. „Ich würd nach Rügen fahren und deine Asche in den Wind streuen."

11. „Dann hockst du plötzlich bei ihm auf dem Schoß und ich bin gestrichen von der Liste, so läuft das nämlich!"

12. „Du bist aber nicht gestorben."

13. „Das Leben ist manchmal echt irre, oder? Junge, ich geb dir einen aus!"

14. „Und was mach ich jetzt? Gib mir wenigstens die!"

5. Der Eingangstext:

Ergänzen Sie die fehlenden Worte:

„Der _____, die wohl geheimnisvollste Spezies unseres

_____. Ein Mysterium offener _____.

Wer sind wir? Woher _____ wir? Wohin _____

_____ wir? Woher _____ wir, was wir zu wissen

glauben? Wieso _____ wir überhaupt etwas? Unzäh-

lige _____, die nach einer _____

suchen, einer Antwort, die wieder eine neue Frage aufwerfen wird, und

die nächste Antwort wieder die _____ Frage und so

weiter und so _____. Doch ist es am _____

_____ nicht immer wieder die gleiche Frage, und immer wieder

die gleiche _____?"

6. Lolas Lauf durch Berlin:

Bringen Sie die Stationen von Lolas Lauf in die richtige Reihenfolge. Ergänzen Sie die fehlenden Zahlen:

_____ Straße mit Krankenwagen und Glasträgern

___1___ Lolas Haus

_____ Straße mit Garagenausfahrt und Herrn Meyer

_____ Straße mit den Nonnen und Mike

___7___ Supermarkt und Telefonzelle

_____ Bank (innen)

_____ U-Bahn-Brücke

7. In welche Version gehören die folgenden Ereignisse? Version 1, 2 oder 3?

1. Lola fällt in Version _____ die Treppe hinunter.

2. Lola hilft Manni in Version _____, den Supermarkt zu überfallen.

3. Der Penner lädt in Version _____ den Typen mit dem Fahrrad auf eine Runde ein.

4. Lola stößt in Version _____ mit dem Penner zusammen.

5. Herr Meyer hat in Version _____ gemeinsam mit Lolas Vater einen Unfall.

6. Der Krankenwagen kann in Version _____ nicht mehr bremsen und fährt in die Glasplatte.

8. Die drei Versionen im Vergleich:

1. Als Lola losrennt, sehen wir sie kurz als Zeichentrickfigur, die einem Jungen mit Hund begegnet. Was passiert der Figur in ...

Version 1?

_____

Version 2?

_____

Version 3?

_____

2. Wie kommen Manni und Lola zu Geld in ...

Version 1?

_____

Version 2?

_____

Version 3?

_____

3. Wie stirbt Lola in Version 1?

_____

Wie stirbt Manni in Version 2?

_____

4. Lola schreit in jeder Version einmal. In welchen Situationen? Wo?
Was passiert daraufhin?

Version 1?

_____

Version 2?

_____

Version 3?

_____

5. Warum geht die dritte Version für Lola und Manni gut aus? Welche
Details sind anders? Welche Ereignisse grenzen an Wunder?

_____

_____

III. Nach dem Film

1. Die Figuren und ihre Beziehungen:

A. Die Charaktere:

Wählen Sie aus folgenden Adjektiven für jede Hauptfigur mindestens fünf aus:

> dumm - intelligent - naiv - realistisch - idealistisch - warmherzig - arrogant - lebenserfahren - kühl - herzlich - sympathisch - unsympathisch - gutmütig - liebenswert - unsicher - selbstsicher - egoistisch - hilfsbereit - energisch - langweilig - lächerlich - interessant - zuverlässig - intuitiv - mutig - ängstlich - ernst - humorlos - unangenehm - gemein - brutal - stark - schwach - attraktiv - unattraktiv

Natürlich können Sie auch andere Adjektive aussuchen, die Ihrer Meinung nach passen.

• Lola: _____

• Manni:_____

• Vater: _____

• Geliebte:_____

Beschreiben Sie das Äußere (die Kleidung, die Frisur, die Gesichtszüge und die Figur) von Lola und Manni.

_____

_____

_____

Schreiben Sie mindestens fünf Sätze nach folgendem Modell: Lola ist erfinderischer als Manni. Manni ist ängstlicher als Lola.

_____

_____

_____

B. Die Beziehungen:

Beschreiben Sie die Beziehung zwischen ...

1. Lola und Manni:

_____

_____

Wer stellt die Fragen im Bettgespräch 1 – Lola oder Manni? Notieren Sie alle Bruchstücke aus dem Dialog, an die Sie sich erinnern:

_____

_____

Wer stellt die Fragen im Bettgespräch 2 – Lola oder Manni? Notieren Sie alle Bruchstücke aus dem Dialog, an die Sie sich erinnern:

_____

_____

2. Lola und ihrem Vater:

_____

_____

3. Lolas Vater und seiner Geliebten:

_____

_____

Erinnern Sie sich an den Dialog zwischen den beiden. Der Beginn ist zunächst in jeder Version derselbe:

VATER: Ich muss jetzt los, der Meyer kommt gleich. Können wir uns nicht später sehen?
GELIEBTE: Liebst du mich?
VATER: Was?
GELIEBTE: Liebst du mich?

VATER: Warum fragst du das jetzt?
GELIEBTE: Liebst du mich?
VATER: Ja, verdammt!
GELIEBTE: Dann entscheide dich!
VATER: Doch nicht jetzt!
GELIEBTE: Irgendwann muss es sein!
VATER: Aber warum denn ausgerechnet jetzt, hier, sofort?!
GELIEBTE: Weil ich schwanger bin! (...)

Wie geht das Gespräch in den drei Filmversionen weiter? Notieren Sie alle Bruchstücke aus dem Dialog, an die Sie sich erinnern:

Version 1:

_____

_____

Version 2:

_____

_____

Version 3:

_____

_____

2. Weiterführende Fragen für die Diskussion:

a. Was hätten Sie an Lolas Stelle getan?
b. Welche Szene finden Sie am komischsten? Welche am traurigsten? Welche am unwahrscheinlichsten? Am realistischsten? Am überraschendsten? Finden Sie die Hauptfiguren (Lola, Manni, Vater, Geliebte) sympathisch? Welche ja, welche nicht? Warum (nicht)?
c. Entspricht der Film Ihrem Bild von Deutschland? Warum (nicht)?
d. Mit welchen formalen Mitteln arbeitet der Film?
e. Wie finden Sie die Musik? Welche Wirkung hat sie auf den Zuschauer?
f. „Jeden Tag, jede Sekunde triffst du eine Entscheidung, die dein Leben verändern kann." Kommentieren Sie diese Aussage.
g. Warum schreit Lola?

h. Waren Sie schon einmal in einem Casino? Inwiefern unterscheidet sich das Casino im Film von den Casinos, die Sie aus eigener Erfahrung oder anderen Filmen kennen?

i. Warum war wohl gerade dieser Film so erfolgreich? Was meinen Sie?

3. Jetzt sind Sie dran:

a. Spielen Sie in Kleingruppen oder Paaren eine Szene Ihrer Wahl nach. Sie werden sehen: Sie brauchen sehr wenig Text, gute Pantomime genügt. Wenn Sie sprechen, dann bitte nur auf Deutsch! Spielen Sie Ihre Szene der Klasse vor. Lassen Sie die Klasse raten: Welche Personen und welche Szene stellen Sie dar?

b. Lesen Sie sich den Anfang des Dialogs zwischen Lolas Vater und seiner Geliebten in Übung III 1.B.3 noch einmal genau durch. Schreiben Sie mit einem Partner oder einer Partnerin eine vierte (Ihre eigene) Fortsetzung des Dialogs und studieren Sie sie ein. Üben Sie mehrmals die Aussprache und Intonation des ganzen Dialogs. Spielen Sie die Szene der Klasse vor. Keine Angst vor Übertreibungen!

c. Nehmen Sie eines der Bettgespräche zwischen den Versionen als Vorlage für eine Ausspracheübung: Versuchen Sie in Partnerarbeit einen der Dialoge (oder zumindest einen Teil) zu transkribieren. Machen Sie dann mit einem Partner oder einer Partnerin eine Tonaufnahme dieses Dialogs. Alternativ schreiben Sie den Dialog mit eigenen Worten. Üben Sie in jedem Fall mehrmals die Aussprache und Intonation. Hören Sie sich in der Klasse mehrere Versionen dieser Szene an. (Wenn Sie möchten, prämieren Sie das beste Paar.)

4. Weiterführende Fragen für die schriftliche Hausaufgabe:

a. Was symbolisieren die ersten Bilder des Films Ihrer Meinung nach?

b. Dem Film sind zwei Zitate vorangestellt: „Wir lassen nie vom Suchen ab, / Und doch, am Ende allen unseres Suchens, / Sind wir am Ausgangspunkt zurück / Und werden diesen Ort zum ersten Mal erfassen." (T.S. Eliot) und „Nach dem Spiel ist vor dem Spiel." (Sepp Herberger, Fußballtrainer). Interpretieren Sie diese Zitate im Zusammenhang mit dem Film! Suchen Sie den englischen Originaltext von T.S. Eliots Gedicht „Little Gidding".

c. Viele Kritiker haben über „Lola rennt" geäußert, der Film beschreibe exakt das Lebensgefühl der späten 90er Jahre – warum wohl?

d. „Ball ist rund. Spiel dauert 90 Minuten. So viel ist schon mal klar. Alles andere ist Theorie. – Ball ab!" Übertragen Sie dieses Anfangszitat von „Lola rennt" auf die Handlung des Films.

e. Inwiefern ist dieser Film formal innovativ? Was könnte Tykwer zu diesen formalen Experimenten motiviert haben? Wie wirken diese auf Sie als Zuschauer?

5. Themen für ein Referat oder eine schriftliche Hausarbeit:

a. Tom Tykwer – seine Biographie und seine Filme.
b. Franka Potentes erste Erfolge in Hollywood.
c. Die Geschichte Berlins nach 1945.
d. Die Veränderungen in Berlin zwischen 1988 und 1998.

6. Internet:

a. Schätzen Sie das Budget des Films „Lola rennt" (zum Vergleich: „Der Untergang der Titanic" und „Der Herr der Ringe, Teil I" kosteten jeweils 250 Millionen Dollar; US-Filme kosten üblicherweise zwischen 20 und 70 Millionen Dollar). Versuchen Sie dann die richtige Summe herauszufinden:

geschätzte Summe: _____

richtige Summe: _____

b. Suchen Sie den Text des Lieds „What a difference a day makes" und bringen Sie ihn mit in die Klasse. Suchen Sie außerdem den Text von „Wish (Komm zu mir)" (erste Zeile: „I wish I was a hunter in search of different food"). Übersetzen Sie die deutschen Teile des Liedes in singbares Englisch.

c. Suchen Sie die Titel der deutschen Filme und des internationalen Films, bei denen Tom Tykwer Regie geführt hat. In einem Film hat Tom Tykwer nur das Drehbuch geschrieben – wie heißt er? In welchen dieser Filme spielt Franka Potente mit?

deutsche Filme: _____

internationaler Film: _____

Drehbuch von Tykwer: _____

Filme mit Franka Potente: _____

Kurzfilm: _____

d. Finden Sie heraus, welche Preise Franka Potente für ihre Darstellung der Lola gewonnen hat. Suchen Sie mindestens drei Interviews mit der Schauspielerin über ihre Rolle und bringen Sie sie mit in die Klasse. Unterstreichen Sie diejenigen Stellen, die Ihnen besonders aussagekräftig erscheinen, und lesen Sie sie der Klasse vor.

Maria Schrader · Juliane Köhler

Aimée & Jaguar

Eine Liebe größer als der Tod

HANNO HUTH präsentiert eine GÜNTER ROHRBACH / SENATOR FILM PRODUKTION
Ein Film von MAX FÄRBERBÖCK

mit MARIA SCHRADER · JULIANE KÖHLER · HEIKE MAKATSCH · JOHANNA WOKALEK · ELISABETH DEGEN · DETLEV BUCK · INGE KELLER · KYRA MLADEK · DANI LEVY · DESIRÉE NICK · RÜDIGER HACKER
ULRICH MATTHES und als Gast PETER WECK · Drehbuch MAX FÄRBERBÖCK und RONA MUNRO nach dem Buch von ERICA FISCHER · Musik JAN A. P. KACZMAREK · Bauten ALBRECHT KONRAD
Kostüme BARBARA BAUM SFK · Schnitt BARBARA HENNINGS BFS · Kamera TONY IMI BSC · Casting RISA KES · Herstellungsleitung STEFAAN SCHIEDER · Gesamtleitung GERHARD VON HALEM
Produzenten GÜNTER ROHRBACH · HANNO HUTH · Regie MAX FÄRBERBÖCK   Ein Film der SENATOR FILM PRODUKTION GmbH gefördert mit Mitteln von Filmstiftung Nordrhein-Westfalen,
Filmboard Berlin-Brandenburg, FilmFernsehFonds Bayern, Filmförderung Hamburg, Bundesminister des Innern, Filmförderungsanstalt
Das Buch zum Film ist bei dtv erschienen. Der Soundtrack ist im Handel erhältlich.   www.senatorfilm.de

4
Aimée und Jaguar
(1998)

DER FILM:
Laufzeit: 126 Minuten
Regie: Max Färberböck
Drehbuch: Max Färberböck und Rona Munro, nach dem gleichnamigen
Buch von Erica Fischer (Köln 1994)
Kamera: Tony Imi
Darsteller / Darstellerinnen: Maria Schrader (Felice Schragenheim),
Juliane Köhler (Lilly Wust), Johanna Wokalek (Ilse), Heike Makatsch
(Klärchen), Elisabeth Degen (Lotte), Detlev Buck (Günther Wust),
Inge Keller (Lilly '97), Kyra Mladek (Ilse '97), Peter Weck (Chef-
redakteur) u.a.

Handlung: Berlin 1943/44. Lilly, Nazi-Mitläuferin, liebeshungrige
Hausfrau und Mutter von vier Kindern, lernt, während ihr Mann an der
Ostfront kämpft, die mondäne, lebensfrohe und intellektuelle Felice kennen und lässt sich mit ihr auf eine Liebesbeziehung ein. Erst Monate später
erfährt Lilly, dass Felice Jüdin ist und im Untergrund lebt. Der Film zeigt,
wie „Aimée" und „Jaguar" verzweifelt versuchen, ihre mit vielen Schwierigkeiten belastete Liebe gegen die übermächtige Bedrohung durch die
Nazis zu behaupten, „eine Liebe größer als der Tod", wie es im Untertitel
des Filmes heißt.

Hintergrundinformationen: Der Film basiert auf einer wahren
Geschichte, die Erica Fischer 1992 in Gesprächen mit Elisabeth („Lilly")
Wust aufgezeichnet und in dem gleichnamigen Buch zusammengefasst
hat. Er zeigt in vielen Szenen historisches Faktenmaterial zum alltäglichen
Leben in der bombardierten deutschen Hauptstadt und besonders zur
prekären Lage der Juden, deren Risiko, deportiert zu werden, von Tag zu
Tag steigt. Im Vordergrund stehen jedoch eine ganz besondere Liebesbeziehung unter extremen Bedingungen und die differenzierte Darstellung zweier sehr unterschiedlicher Frauen, die eine eindeutige Zuord-
nung in simple Täter-Opfer-Kategorien nicht erlaubt.

I. Vor dem Film

1. Zum Einstieg:

1. Kennen Sie ein homosexuelles Paar? Glauben Sie, dass es entscheidende Unterschiede zu einer heterosexuellen Beziehung gibt?
2. Wie würden Sie reagieren, wenn Ihr Partner oder Ihre Partnerin Ihnen plötzlich sagen würde, dass er oder sie illegal in Ihrem Land lebt und mit dem Tod rechnen muss, falls er oder sie entdeckt wird?
3. Kennen Sie Menschen, die eines Tages feststellen mussten, dass sie sich eine unpolitische Haltung nicht mehr erlauben können?

2. Wortschatz:

anfällig für etwas	susceptible, vulnerable to something
jemandem etwas antun	to do something to somebody
das Attentat	(attempted) assassination
der Gastgeber / die Gastgeberin	host / hostess
gelähmt	paralyzed
der Hoffnungsschimmer	glimmer of hope
klauen	to pinch, steal
lauschen	to eavesdrop, to listen
der Leitartikel	editorial
das Luder	bitch
mit den Nerven runter sein	to be a nervous wreck
quasseln	to babble
rauswerfen	to chuck, throw out
die Rechnung	bill
die Scheidung	divorce
die Schnauze halten	to shut up
irgendwoher stammen	to come from somewhere
in die Tasten greifen	to strike up a tune
überlaufen	to go over to the other side
vom anderen Ufer sein	to be gay, to play for the other team
sich verkrümeln	to beat it
jemanden verlegen	to transfer somebody
sich verstellen	to pretend, to playact
gegen jemanden vorgehen	to take (legal) action against somebody

Typisch Nazideutschland / Zweiter Weltkrieg:

ausgebombt sein	to be bombed out (of somebody's home)
der Ausnahmezustand	state of emergency
der Endsieg	final victory
die Gestapo = die Geheime Staatspolizei	Gestapo
der Invalidenausweis	disability identification card
das KZ = das Konzentrationslager	concentration camp
die Lebensmittelmarken	food-ration cards
der Mitläufer / die Mitläuferin	fellow traveler
das Mutterkreuz	order of merit for mothers who have many children
die Nachrichtensperre	news embargo
die Ortsgruppe	local group
der Todesmarsch	death march
das „U-Boot" = der/die Untergetauchte	person who lives underground
die Wunderwaffe	wonder weapon

Typisch Deutsch:

Ku'damm, Kurfürstendamm	elegant shopping mile in Berlin
der Stammtisch	table reserved for the regulars / group of regulars
pejorativ z.B. in Wendungen wie „Stammtischpolitiker"	armchair / alehouse politician

3. Wortschatzübungen:

A. Ordnen Sie den Verben und Ausdrücken in der linken Spalte die richtige Bedeutung in der rechten Spalte zu!

rauswerfen	homosexuell sein
sich verkrümeln	stehlen
quasseln	Maßnahmen gegen jemanden ergreifen
klauen	vor die Tür setzen, wegschicken
gegen jemanden vorgehen	weggehen, verschwinden
überlaufen	still sein, nicht weiterreden
die Schnauze halten	viel reden
vom anderen Ufer sein	desertieren, die Front wechseln

B. Entscheiden Sie sich für eine der drei Definitionen:

1. Jemand, der in die Tasten greift, _____.
          a. schreibt Schreibmaschine
          b. spielt Klavier
          c. bedient einen Rekorder

2. Eine Frau mit zweifelhafter Moral nennt man _____.
          a. ein Luder
          b. ein Häschen
          c. eine Nonne

3. Wer seine Ehe beenden möchte, will _____.
          a. einen anderen Partner
          b. die Scheidung
          c. die Abrechnung

4. Am Silvesterabend sagt man: _____
          a. Herzlichen Glückwunsch!
          b. Prost Mahlzeit!
          c. Prost Neujahr!

II. Während und/oder nach dem Film

1. Richtig oder falsch?

1. Ilse ist Lillys Putzfrau.	R	F
2. Lilly hat viele Liebhaber.	R	F
3. Felice lernt Lilly im Theater kennen.	R	F
4. Felices Schwester lebt in England.	R	F
5. Felice wohnt bei ihrer Großmutter.	R	F
6. Felice ist verlobt.	R	F
7. Lilly arbeitet als Sekretärin.	R	F
8. Felices Eltern sind emigriert.	R	F
9. Lillys Mann Günther ist Nazi.	R	F
10. Schmidtchen ist Fotograf.	R	F
11. Lilly ist eifersüchtig auf Felices Freundinnen.	R	F
12. Lillys Kinder lehnen Felice ab.	R	F
13. Felice wird von Günther denunziert.	R	F
14. Lilly trifft Felice in Theresienstadt wieder.	R	F

2. Wählen Sie die richtige Antwort aus:

1. Felice wollte als Kind _____.
   a. einen Tiger streicheln
   b. aus dem Fenster springen
   c. rückwärts mit dem Schlitten über einen Felsen fahren

2. Lilly behauptet gegenüber Ilse, sie könne Juden _____.
   a. nicht leiden
   b. am Gesicht erkennen
   c. riechen

3. Wenn Lilly ihre Liebhaber empfängt, muss Ilse mit den Kindern _____.
   a. ins Kino
   b. in den Zoo
   c. auf den Spielplatz

4. Felice bemerkt in Lillys Wohnzimmer eine Büste von _____.
   a. Hitler
   b. Lenin
   c. Beethoven

5. Ilses Vater wirft Felice hinaus, weil sie _____.
   a. Jüdin ist
   b. eine Wurst gestohlen hat
   c. ein Verhältnis mit Ilse hat

6. Nach dem Rauswurf versteckt sich Felice _____.
   a. bei Lilly
   b. im Redaktionskeller
   c. im Fotoatelier

7. Felice arbeitet in der Redaktion einer _____.
   a. Untergrundzeitung
   b. Nazizeitung
   c. Sportzeitung

8. Klärchen ohrfeigt Felice, weil diese _____.
   a. ihren Pass vergessen hat
   b. nicht in den Zug steigt
   c. zu spät zum Bahnhof kommt

3. Beantworten Sie folgende Fragen:

A. Felices Leben im Untergrund:

1. Welche Szenen sind für Felice am bedrohlichsten? Wie verhält sie sich in der Gefahr?

_____

2. Was sucht der Mann, der Felice nach dem Konzert anspricht, unter ihrem Mantelkragen? Muss sie vor ihm Angst haben?

_____

3. Warum verstecken sich Felice und ihre jüdischen Freundinnen nicht?

_____

4. Was hat Felices Arbeit mit dem Leben im Untergrund zu tun? Wie ist ihr Verhältnis zu ihrem Chef?

_____

5. Warum lassen die Freundinnen Aktfotos von sich aufnehmen? Was passiert mit den Fotos?

_____

6. Was tut Felice für die Widerstandsgruppe?

_____

7. Was passiert auf der Damentoilette im Hotel am Zoo? Was erfahren wir in dieser Szene über die alltäglichen Probleme der „U-Boote“?

_____

8. Beschreiben und begründen Sie Felices Reaktion, als sie auf der Straße die Gestapo-Männer erkennt.

_____

9. Warum wird Lotte erschossen?

_____

B. Lilly:

1. Was passiert zwischen Lillys Liebhaber Hauptmann Ernst Biermösl und Lillys Vater? Wie reagiert Lilly?

_____

_____

2. Wie steht Lilly zu politischen Fragen? Was sagt sie über Juden? Wie reagiert sie nach dem Attentat auf Hitler?

_____

_____

3. Lilly ist Trägerin des nationalsozialistischen „Mutterkreuzes in Bronze". Wie viele Kinder hat sie? Warum fördert das Nazi-Regime die Mutterschaft?

_____

_____

C. Lilly und Felice:

1. Warum reagiert Ilse so wütend auf die beginnende Beziehung zwischen Lilly und Felice?

_____

_____

2. Wie reagiert Lilly auf Felices ersten Kuss? Wo und in welcher Situation findet er statt?

_____

_____

3. An welchen Äußerlichkeiten erkennt man, dass Lilly sich durch Felice beeinflussen lässt?

_____

_____

4. Wie kann man die Rollenverteilung in der Beziehung zwischen „Aimée" und „Jaguar" beschreiben? Was sagen die beiden Kosenamen aus?

_____

_____

5. Beschreiben und erklären Sie die Reaktion Felices und ihrer Freundinnen auf Lillys Ankündigung, sich scheiden zu lassen.

_____

_____

6. Unter welchen Verhaltensweisen Felices leidet Lilly?

_____

_____

7. Wie reagiert Lilly, als Felice ihr mitteilt, dass sie Jüdin ist? Welche praktischen Folgen hat diese Information für Lilly?

_____

_____

8. Warum flieht Felice nicht mit Klärchen, sondern bleibt bei Lilly?

_____

_____

9. Welche Frage stellt Lilly Ilse in der Rückblende nach Felices Deportation? Was sagt diese Frage über Lilly aus?

_____

_____

D. Lillys Familie:

1. Wie reagiert Günther auf die Tatsache, dass Lilly eine lesbische
   Beziehung hat?

_____

_____

2. Wie verhalten sich Lillys Eltern und Lillys Kinder gegenüber Felice?

_____

_____

3. Beschreiben Sie Lillys Umgang mit ihren Kindern.

_____

_____

E. Verfolgung und Deportation:

1. In welchen Szenen wird Felice Zeugin von Deportationen?

_____

_____

2. Was symbolisiert der brennende Flügel? Was für eine Musik ist dabei zu
   hören?

_____

_____

3. Vergleichen Sie die Szene am See mit der darauffolgenden Szene in der
   Wohnung. Mit welchen filmischen Mitteln wird der brutale Wechsel in
   der Atmosphäre dargestellt?

_____

_____

4. Welche Szenen spielen in einem Treppenhaus? Was haben diese Szenen gemeinsam?

_____

_____

5. Warum ist Ilse so schockiert, als Lilly von ihrem Besuch in Theresienstadt berichtet?

_____

_____

4. Wer sagt im Film zu wem die folgenden Sätze?

Beispiel: „Für immer, das ist wie ein Grabstein!"

             Felice zu Ilse

1. „So viel Mühe für einen Mann!"

2. „Glaubst du, sie würde lügen und stehlen und kämpfen für dich?"

3. „Mach mich nicht zu einem Opfer, denn es ist mein gottverdammtes, kleines, mittelmäßiges Recht, frei zu sein, solange ich kann!"

4. „Aufregende Zeiten, was?"

5. „Können Sie mir sagen, wonach ich rieche?"

6. „Wenn Sie einen Menschen sehen wollen, der immer das Falsche tut: hier bin ich!"

7. „Mir wäre es lieber, du schläfst!"

8. „Du hast immer gesucht und gesucht, und ich hab dich geleitet."

9. „Ich habe immer gedacht, wenn ich nur fest daran glaube und darum kämpfe, dann wird's auch irgendwann wahr."

10. „Ich will, dass es aufhört, Sie nicht?"

11. „Wovon wird hier gelebt?"

12. „Ich weiß nicht, ob ich stark genug bin für das Glück."

13. „Du hast dich betrogen!"

III. Nach dem Film

1. Die Figuren und ihre Beziehungen:

A. Die Charaktere:

Wählen Sie aus folgenden Adjektiven für jede Hauptfigur mindestens fünf aus:

brav - fröhlich - mutig - verständnisvoll - egoistisch - altruistisch - passiv - aggressiv - traurig - liebevoll - hartherzig - zornig - leichtsinnig - naiv - zielbewusst - fanatisch - intelligent - schüchtern - lebenslustig - selbstbewusst - irrational - vernünftig - verwöhnt - fantasievoll - zurückhaltend - pragmatisch - weltfremd - weltläufig - desillusioniert - attraktiv - unattraktiv - stark - schwach - depressiv - sprunghaft - zuverlässig - unzuverlässig - impulsiv - verträumt - ängstlich - kompromissbereit - kompromisslos - eifersüchtig - tolerant - zwiespältig - gelassen - aufgeregt - ehrlich - unehrlich - spontan - nachdenklich - abweisend - verschlossen - kommunikativ - konsequent - unsicher - zufrieden - frustriert - spießig - unkonventionell - geheimnisvoll - dominant - unterwürfig - romantisch - provokant

Natürlich können Sie auch andere Adjektive aussuchen, die Ihrer Meinung nach passen.

• Lilly: _____

• Felice: _____

B. Die Beziehungen:

1. Was fasziniert Lilly an Felice? Wodurch fühlt sich Felice bei Lilly angezogen?

_____

_____

2. Welche emotionalen Probleme ergeben sich aus den unterschiedlichen Charakteren? Was erwartet Lilly, was erwartet Felice?

_____

_____

3. Welche praktischen Probleme bringt die Beziehung zwischen Lilly und Felice mit sich?

_____

_____

4. Wie beurteilen Sie die Ehe zwischen Lilly und Günther?

_____

_____

5. Wie unterscheidet sich Lillys erotische Beziehung zu Felice von ihren heterosexuellen Kontakten?

_____

_____

6. In welcher Szene sagt ...

• Lilly zu Felice: „Ihr Leben ist schön. Sie sind frei."?

_____

• Günther zu Lilly: „Wir Männer sind anders, irgendwie anfällig."?

_____

Was haben die beiden Situationen gemeinsam?

_____

_____

2. Weiterführende Fragen für die Diskussion:

a. Was würden Sie tun, wenn der Staat, in dem Sie leben, beschließen würde, Menschen Ihrer Art wären von heute an unerwünscht?
b. Wie stellen Sie sich das Leben im Untergrund vor? Welche praktischen und psychologischen Probleme haben die „U-Boote"?
c. Was halten Sie von dem „Ehevertrag" zwischen Felice und Lilly?
d. Glauben Sie, Felice wäre bei Lilly geblieben, wenn sie kein „U-Boot" gewesen oder nicht deportiert worden wäre? Begründen Sie Ihre Ansicht.
e. Was meint Ilse im Altersheim mit dem Satz „Eins ist eine ganz dumme Zahl, die reicht nie, das ist ein Problem!"? Kommentieren Sie diese Behauptung.
f. Welchen Vorwurf macht Ilse Lilly am Ende des Films? Ist er berechtigt? Zu welchem versöhnlichen Fazit gelangt sie dennoch?
g. Welchen Eindruck machen Lilly und Ilse im Altersheim auf Sie? Haben sie sich in 50 Jahren verändert? Welche der beiden Frauen ist Ihnen am Ende sympathischer?
h. Was ist wohl unter dem Untertitel des Films „Eine Liebe größer als der Tod" zu verstehen?

3. Jetzt sind Sie dran:

a. Spielen Sie in Kleingruppen oder Paaren eine Szene Ihrer Wahl nach. Sie werden sehen: Sie brauchen sehr wenig Text, gute Pantomime genügt. Wenn Sie sprechen, dann bitte nur auf Deutsch! Spielen Sie Ihre Szene der Klasse vor. Lassen Sie die Klasse raten: Welche Personen und welche Szene stellen Sie dar?
b. Nehmen Sie den Dialog zwischen Felice und Ilse im Versteck als Vorlage für eine Ausspracheübung: Versuchen Sie in Partnerarbeit, den Dialog bis zum Auftritt von Ilses Vater (oder zumindest einen Teil davon) zu transkribieren. Machen Sie dann mit einem Partner oder einer Partnerin eine Tonaufnahme dieses Dialogs. Alternativ schreiben Sie den Dialog mit eigenen Worten. Üben Sie in jedem Fall mehrmals die Aussprache und Intonation. Hören Sie sich in der Klasse mehrere Versionen dieser Szene an. (Wenn Sie möchten, prämieren Sie das beste Paar.)
c. Stellen Sie sich vor, Felice hätte überlebt und Lilly 50 Jahre später im Altersheim wiedergetroffen. Was hätten die beiden einander gesagt? Schreiben Sie mit einem Partner oder einer Partnerin einen Dialog. Üben Sie mehrmals die Aussprache und Intonation. Spielen Sie die Szene der Klasse vor. Keine Angst vor Übertreibungen!

4. Weiterführende Fragen für die schriftliche Hausaufgabe:

a. Ilse sagt am Anfang des Films zu Felice: „Du kennst kein Risiko mehr."
   Interpretieren Sie diesen Satz mit Hilfe ausgewählter Szenen aus dem
   Film.
b. Schreiben Sie eine Zusammenfassung der Szene in der Küche, in der
   Felice Lilly gesteht, dass sie Jüdin ist. Charakterisieren Sie Lillys Position
   und versuchen Sie zu begründen, warum Felice ihr ausgerechnet zu
   diesem Zeitpunkt die Wahrheit sagt.
c. Eine überlebende Freundin Felices spricht in einem Zeitungsartikel
   („Frankfurter Rundschau" vom 7.1.2003) den Verdacht aus, Lilly selbst
   könnte Felice denunziert haben. Halten Sie das für möglich? Begründen
   Sie Ihre Antwort.
d. Wie gefällt Ihnen der Vorspann des Films (Fotoszene im Garten)?
   Beschreiben und interpretieren Sie ihn. Könnten Sie sich einen anderen
   Vorspann vorstellen? Wenn ja, beschreiben Sie auch diesen. Welche
   inhaltliche Rolle spielen Fotos oder das Fotografieren in „Aimée und
   Jaguar"?
e. Beschreiben und kommentieren Sie die Rahmenhandlung. Wie wirkt
   diese auf Sie? Halten Sie die Technik für sinnvoll, Teile des Films aus
   Ilses Perspektive im Off-Kommentar zu präsentieren? Welche Alterna-
   tiven hätte es dazu gegeben?
f. Lilly fragt Ilse am Ende: „War es meine Schuld?" Ist diese Frage berechtigt? Was würden Sie ihr 1) an Ilses Stelle und 2) aus Ihrer eigenen
   Sicht antworten?
g. Was ist das Thema der Diskussion zwischen den Freundinnen im
   Nachspann? Wem stimmen Sie zu? Kann Felices Philosophie dabei
   helfen, ihr Verhalten besser zu verstehen?
h. Schreiben Sie eine Zusammenfassung des Films „Aimée und Jaguar".

5. Themen für ein Referat oder eine schriftliche Hausarbeit:

a. „Das kurze Leben der Jüdin Felice Schragenheim" von Erica Fischer
   (München 2002) – ein Portrait mit den wichtigsten Lebensstationen.
b. Berlin 1943 – politische Lage und Auswirkungen auf das Alltagsleben.
c. Die Lage der Juden unter dem Nazi-Regime.
d. Die Lage der Homosexuellen unter dem Nazi-Regime.
e. Das Konzentrationslager Theresienstadt.

6. Internet:

a. Suchen Sie fünf deutsche Rezensionen des Films „Aimée und Jaguar". Schreiben Sie eine Liste mit mindestens je fünf positiven und negativen Kritikpunkten und vergleichen Sie Ihr Ergebnis mit dem Rest der Klasse.

b. Suchen Sie mindestens drei Renzensionen zu dem Buch „Aimée und Jaguar" von Erica Fischer und notieren Sie, wer sie geschrieben hat und wo sie erschienen sind. Bringen Sie diejenige, die Ihnen am besten gefallen hat, mit in den Unterricht und lesen Sie die wichtigsten Stellen daraus vor.

c. Informieren Sie sich über die Ausstellung zu Felice Schragenheim. Was zeigte sie? Wie oft und an welchen Orten war sie zu sehen? Welches Rahmenprogramm gab es dazu?

d. Welche aktuellen Informationen können Sie über die reale Person Elisabeth Wust, genannt Lilly, herausfinden?

e. Finden Sie heraus, welche Preise (nicht nur in Deutschland) der Film gewonnen hat. Schreiben Sie selbst eine Rezension zu „Aimée und Jaguar". Begründen Sie darin, ob der Film die vielen Preise verdient hat.

f. „Aimée und Jaguar" war der Eröffnungsfilm der Berlinale 1999. Was ist die Berlinale? Nennen Sie fünf Preisträger und ihre Kategorien im Jahre 1999. Aus welchen Ländern wurden Filme gezeigt? An welchem Datum wird die nächste Berlinale stattfinden?

g. Suchen Sie den Text des im Nachspann zitierten Liedes „Ich bin von Kopf bis Fuß auf Liebe eingestellt". Aus welchem Film stammt es und von wem wird es dort gesungen?

im herz
im bauch
im juli.

Ein Film von Fatih Akin

MORITZ BLEIBTREU   CHRISTIANE PAUL

SENATOR FILM PRÄSENTIERT EINE WÜSTE FILM PRODUKTION
MIT MORITZ BLEIBTREU CHRISTIANE PAUL IDIL ÜNER MEHMET KURTULUŞ BRANKA KATIC JOCHEN NICKEL BILDGESTALTUNG PIERRE AÏM AFC SZENENBILD JÜRGEN SCHNELL SFK
KOSTÜME HELEN ACHTERMANN CASTING INGEBORG MOLITORIS MASKE NICOLA FAAS DANIEL SCHRÖDER TON KAI LÜDE SCHNITT ANDREW BIRD MUSIKBERATUNG STEFAN RAMBOW
MUSIK ULRICH KODJO WENDT PRODUKTIONSLEITUNG BEATRICE HALLENBARTER PRODUZENTEN RALPH SCHWINGEL STEFAN SCHUBERT BUCH UND REGIE FATIH AKIN

www.imjuli-diemusik.de   www.imjuli.de

 CINESOUNDZ COLUMBIA NEWYORKER delta FFA BKM Filmförderung hamburg SENATOR FILM

5

Im Juli

(2000)

DER FILM:
Laufzeit: 110 Minuten
Drehbuch & Regie: Fatih Akin
Kamera: Pierre Aïm
Darsteller / Darstellerinnen: Moritz Bleibtreu (Daniel Bannier), Christiane
Paul (Juli), Mehmet Kurtulus (Isa), Idil Üner (Melek), Branka Katic
(Luna), Jochen Nickel (Leo), Fatih Akin (rumänischer Zöllner) u.a.

Handlung: Der junge, etwas spießige Hamburger Referendar
Daniel verabschiedet seine aufsässigen Schüler in die Sommerferien. Er
selbst hat keine Pläne, die vor ihm liegenden Wochen versprechen genauso
langweilig und ereignislos zu werden wie sein Leben insgesamt. Doch alles
kommt anders: die Straßenhändlerin Juli, die in ihn verliebt ist, verkauft
ihm einen Ring mit Sonnenmotiv, welches als „Schicksalsmotor" ein tur-
bulentes Roadmovie von Hamburg nach Istanbul in Gang setzt: 2700 Kilo-
meter auf dem Landweg durch Südosteuropa. Auf der Suche nach seiner
großen Liebe, der Deutschtürkin Melek, gerät Daniel in Julis Begleitung
in einen Strudel aus (tragi-)komischen, bedrohlichen und skurrilen Situationen, in denen er in vielerlei Hinsicht seine Unschuld verliert, aber mit
„Herz und Bauch" (wie das Filmplakat verspricht) erfährt, wie unglaub-
lich aufregend das Leben sein kann ...

Hintergrundinformationen: Der 1973 in Hamburg geborene tür-
kischstämmige Filmemacher Fatih Akin ist, spätestens seit seinem Erfolgsfilm „Gegen die Wand" (2004), einer der bekanntesten Vertreter des jungen deutschen Kinos. Seine originellen, nicht immer hundertprozentig
realistischen, aber immer lebensnahen Filme zeigen aus unterschiedlichem
Blickwinkel die multikulturellen Seiten der deutschen Gesellschaft und
stellen den Begriff der „Nationaliät" humorvoll-ironisch in Frage. Die
Action-Komödie „Im Juli", Akins zweiter Film, spielt außerdem mit dem
Thema „Grenzen und Verständigung in Europa", das ganz besonders

nach der Osterweiterung der Europäischen Union (EU) im Jahre 2004 und während der in Deutschland sehr kontroversen Diskussion um einen künftigen EU-Beitritt der Türkei hochaktuell ist.

I. Vor dem Film

1. Zum Einstieg:

1. Besorgen Sie sich eine aktuelle Karte von Europa. Durch welche Länder kann man von Hamburg nach Istanbul reisen? Welche Verkehrsmittel braucht man jeweils? Wissen Sie, welche Länder Osteuropas seit 2004 zur Europäischen Union gehören?
2. Welche Erfahrungen haben Sie mit Grenzen? Waren Sie schon einmal außerhalb Ihres Landes? Wo genau? Was brauchten Sie, um über die Grenze zu kommen?
3. Kennen Sie in Ihrem Land Leute, die eine andere Muttersprache haben? Haben diese Menschen noch Kontakt mit der Heimat ihrer Eltern?
4. Waren Sie schon einmal in einer Situation, in der Sie sich auf Englisch nicht verständigen konnten? Wenn ja: wie war das für Sie?
5. Wenn Sie an Ihr eigenes Leben denken: glauben Sie an ein Schicksal, das Ihren Weg vorherbestimmt?
6. „Wie weit würden Sie gehen", was würden Sie alles tun, um einen geliebten Menschen wiederzusehen?

2. Wortschatz:

zu etwas bestimmt sein	to be meant or destined for something
doof	dumb
die Flitterwochen	honeymoon
gemütlich	comfy, cozy
der Grenzfluss	river (forming a natural border)
der Grenzpolizist	border (police) officer
die Herzallerliebste	darling, dearest
die Jugendherberge	youth hostel
für jemanden / etwas kämpfen	to fight for someone / something
kiffen	to smoke pot
das Kinderüberraschungsei®	kinder® surprise egg (*type of candy*)
knuffig	cute
die Krisensitzung	emergency session
die „Löffelstellung"	spoon position

öde	desolate, empty
der Penner	homeless person
die Qualen	pains
das Rauschgift	narcotic
der Referendar	student teacher
das Sternzeichen	sign of the zodiac
der Tramper / die Tramperin	hitchhiker
die Tüte	bag; (cannabis) joint
überqueren	to cross
umsonst	free (of charge)
die Verabredung	appointment
verabscheuen	to detest
vernünftig	reasonable
jemanden / etwas verpassen	to miss someone / something
die Versuchung	temptation
widerstehen	to resist

3. Wortschatzübungen:

A. Welches Wort passt nicht zu den anderen? Markieren Sie.

die Reise - der Weg - die Strecke - der Ring - trampen - das Auto

die Hochzeit - der Geburtstag - verliebt sein - die Flitterwochen - die Ehe

das Datum - die Verabredung - der Termin - die Uhrzeit -
die Versuchung - verpassen

der Penner - der Pass - kontrollieren - die Grenze - das Dokument -
der Grenzpolizist

das Glück - das Schicksal - die Bestimmung - der Unfall - der Zufall

B. Suchen Sie für die folgenden Redewendungen eine gute idiomatische englische Übersetzung:

hinter einer Frau her sein	ein Auto klauen
das ist eine verdammt lange Geschichte	reg dich ab!
da wird man doof von	am Arsch der Welt rumhängen
der zählt nicht	willst du mit mir gehen?

II. Während und/oder nach dem Film

1. Richtig oder falsch?

1. Daniel unterrichtet Geographie.	R	F
2. Daniel hat kein Auto.	R	F
3. Melek kommt aus Berlin.	R	F
4. Hamburg hat einen Strand.	R	F
5. Juli möchte nach Bayern.	R	F
6. Juli und Daniel übernachten in einem Doppelzimmer.	R	F
7. Juli verliebt sich in Leo.	R	F
8. Daniel raucht zum ersten Mal einen Joint.	R	F
9. Luna stiehlt Daniels Auto.	R	F
10. Daniel und Juli treffen sich an der Grenze zur Türkei wieder.	R	F
11. Die Leiche ist Isas Großvater.	R	F
12. Daniel trifft Melek unter der Brücke.	R	F

2. Wählen Sie die richtige Antwort aus:

1. Wo lernt Daniel Juli kennen? _____.
   a. In der Schule
   b. Auf der Straße
   c. Auf einer Party
   d. Bei seinem Nachbarn

2. Melek sucht _____.
   a. eine Kneipe
   b. ein Fest
   c. einen Schlafplatz
   d. einen Freund

3. Melek reist nach _____.
   a. Ankara
   b. Budapest
   c. Istanbul
   d. Bukarest

4. Auf welchem Fluss fährt Daniels und Julis Kahn? _____.
   a. Auf dem Rhein
   b. Auf der Donau
   c. Auf der Isar
   d. Auf dem Po

5. Wo begegnet Daniel Luna nach seinem Erwachen wieder? _____.
        a. Im Kornfeld
        b. Im Supermarkt
        c. Auf der Straße
        d. Auf dem Markt

6. Wie fahren Daniel und Juli Richtung Bulgarien? _____.
        a. Mit einem gestohlenen Auto
        b. Mit einem Gebrauchtwagen
        c. Mit Lunas Bus
        d. Sie trampen

7. Isa ist _____.
        a. Meleks Bruder
        b. Meleks Cousin
        c. ein Freund von Melek
        d. Meleks Freund

3. Beantworten Sie folgende Fragen:

1. Welche Verkehrsmittel benutzt Daniel auf seiner Reise?

_____

2. Durch welche Länder geht die Reise?

_____

3. Was haben Leo, Luna und Isa gemeinsam?

_____

4. Warum provoziert Leo Daniel?

_____

5. In welchen Szenen trennen sich die Wege von Daniel und Juli?

_____

6. In welchen Szenen halluziniert Daniel?

_____

7. Was stiehlt Luna Daniel?

_____

8. Mit welchem Trick kommen Daniel und Juli über die ungarisch-
rumänische Grenze?

_____

9. Was wird aus Lunas Bus?

_____

10. Wie kommen Daniel und Juli über den „Grenzfluss"?

_____

11. In welchen Szenen erwacht Daniel? Was haben diese Szenen
gemeinsam?

_____

12. In welcher Szene wird auf Daniel geschossen?

_____

13. Was passiert mit dem Auto auf der Fahrt durch Rumänien?

_____

14. Warum entdecken die Zöllner die Leiche in Isas Kofferraum?

_____

15. Warum will Isa seinen toten Onkel Achmed nach Istanbul schmuggeln?

_____

16. Wie entkommt Daniel aus dem Gefängnis?

_____

17. Wo trifft Daniel unterwegs Melek wieder?

_____

18. Was muss Melek an der Grenze erledigen?

_____

19. Wie reagiert Daniel, als er unter der Brücke Juli antrifft?

_____

20. Von wann bis wann (Datum) dauert die Filmhandlung?

_____

4. Das „Schicksal":

1. In welchen Szenen ist die Sonne Thema? Wofür könnte die Sonnenfinsternis stehen?

_____

2. Was bedeutet die Sonne für Juli?

_____

3. Warum will Daniel den Ring haben?

_____

4. Was prophezeit Juli dem Träger des Ringes?

_____

5. Warum gibt Juli Daniel den Flyer?

_____

6. Warum meint Daniel, Melek sei die Frau seines Lebens?

_____

7. Was hat Julis Art zu reisen mit Schicksal zu tun?

_____

8. Was hätte Daniel seiner Meinung nach gemacht, wenn er den Ring nicht gekauft hätte?

_____

9. Was wird Daniel klar, als er in der letzten Szene hinter Juli in Isas Mercedes steigt?

_____

5. Wer sagt im Film zu wem die folgenden Sätze?

Beispiel: „Glaubst du, er ist der Richtige?"

           Leo zu Juli

1. „Wenn dir was gefällt, warum kämpfst du nicht dafür?"

2. „Der Himmel ist überall blau."

3. „Würde er für dich kämpfen?"

4. „Ich verabscheue Gewalt."

5. „Geh doch zurück an die Elbe!"

6. „Du willst doch nur, dass ich sie verpasse!"

7. „Die sehen hier alle böse aus."

8. „Du verpasst deinen Bus."

9. „Wo ist deine Verabredung?"

III. Nach dem Film

1. Die Figuren und ihre Beziehungen:

A. Die Charaktere:

1. Daniel

Unterstreichen Sie mindestens fünf Adjektive, die auf ihn zutreffen:

    brav - passiv - spontan - langweilig - einfallsreich - spießig -
    streitsüchtig - cool - freundlich - ehrgeizig - sympathisch - gefährlich -
    kontaktfreudig - emotional - ängstlich - intelligent - rechthaberisch -
    chaotisch - gutaussehend - unzufrieden - fantasievoll - naiv - mutig -
    konservativ - schüchtern - erfahren - brutal - listig - geheimnisvoll

Natürlich können Sie auch andere Adjektive aussuchen, die Ihrer Meinung
nach passen.

Ist Daniel ein guter und/oder typischer Lehrer? Begründen Sie Ihre
Antwort.

_____

In welcher Umgebung fühlt sich Daniel zu Beginn des Films besonders fehl
am Platz? Woran können Sie dies erkennen?

_____

Welche Dinge tut Daniel im Film zum ersten Mal?

_____

Wie verändert sich Daniel im Laufe des Films? Welche Gegenstände
könnten symbolisch für seine Wandlung stehen?

_____

2. Juli:

Unterstreichen Sie mindestens fünf Adjektive, die auf sie zutreffen:

romantisch - schlau - fröhlich - lebenslustig - rational - pragmatisch -
ausgeflippt - introvertiert - idealistisch - verständnisvoll - streitlustig -
misstrauisch - cool - verrückt - kontaktfreudig - emotional -
selbstbewusst - kreativ - tapfer - mütterlich - geduldig - passiv - einsam -
witzig - konsequent - humorvoll - chaotisch - mutig - direkt - frei

Natürlich können Sie auch andere Adjektive aussuchen, die Ihrer Meinung
nach passen.

_____

Welche Informationen gibt der Film über Julis Leben?

_____

Was ist für Juli im Leben am wichtigsten? Woran glaubt sie?

_____

In welchen Szenen wird auch sie zur „Lehrerin"?

_____

80 *Im Juli*

3. Nebenfiguren:

Suchen Sie aus den Adjektivlisten (oben) oder aus Ihrer Fantasie je drei Adjektive, um die folgenden Figuren zu charakterisieren:

• Melek: _____

• Luna: _____

• Isa: _____

• Leo: _____

Welche Figuren im Film sind Ihnen am sympathischsten? Welche am unsympathischsten? Warum?

_____

Welche Figuren sind besonders komisch? Warum?

_____

B. Die Beziehungen:

1. „Gegensätze ziehen sich an“: Zeigen Sie mit Hilfe einer Tabelle die Unterschiede zwischen Daniel und Juli. Sie können auch die oben ausgewählten Adjektive mit verwenden.

Daniel	*Juli*
brav	ausgeflippt
geregeltes Leben	spontanes Leben
_____	_____
_____	_____
_____	_____
_____	_____

2. Was fasziniert Ihrer Meinung nach ...

- Juli an Daniel?

_____

- Daniel an Juli?

_____

3. In welchen Szenen ist Juli enttäuscht von Daniel?

_____

4. Was fasziniert Daniel an Melek?

_____

5. „Luna" bedeutet „Mond". Juli dagegen trägt das Sonnentattoo und den Namen eines Sommermonats. Welche weiteren Gegensätze zwischen den beiden Frauen können Sie erkennen?

_____

6. Welche Funktion hat Luna für Daniels Entwicklung?

_____

7. Welche dramaturgische Funktion hat Leo?

_____

8. Welchen Eindruck haben Sie am Anfang des Films von Isa? Verändert sich dieser Eindruck im Laufe des Films?

_____

9. Wie entwickelt sich die Beziehung zwischen Daniel und Isa?

_____

C. Die Liebe:

1. Was bedeutet die Liebe für ...

   • Daniel?

   _____

   • Juli?

   _____

   • Melek?

   _____

2. Wie interpretieren Sie Daniels Halluzination bei Lunas Tanz?

   _____

3. In welchen Szenen ist Julis Liebeserklärung zu finden?

   _____

   Versuchen Sie in Partnerarbeit, den Wortlaut zu rekonstruieren:

   „Meine Herzallerliebste ... _____

   _____

   _____

   _____

   _____ ich liebe dich."

4. Daniel findet die Liebeserklärung zunächst kitschig. Geht es Ihnen genauso? Begründen Sie Ihre Meinung.

   _____

5. Welche Bestandteile der Liebeserklärung fassen die Filmhandlung zusammen? Was bedeutet in diesem Zusammenhang Julis Satz „Du hast es geschafft!"?

   _____

6. Haben Sie bei diesem Film ein Happy End erwartet? Begründen Sie Ihre Antwort.

___

2. Einsatz filmischer Mittel:

a. Was ist eine Rahmenhandlung? Beschreiben Sie diese im Film „Im Juli". Welche Funktion hat sie?
b. Welchen Eindruck macht die erste Szene des Films auf Sie? Welchen Filmtypus erwarten Sie, wenn Sie nur diese Szene sehen?
c. Welche Szenen zeigen kein reales Geschehen? Wie wirken diese Szenen auf Sie?
d. Mit welchen filmischen Mitteln wird die Reise durch Rumänien dargestellt? Überlegen Sie, warum der Regisseur sich für diese Technik entschieden haben könnte.
e. Wie viele verschiedene Sprachen werden im Film im Original gesprochen? Was würde sich ändern, wenn der gesamte Text synchronisiert wäre?

3. Weiterführende Fragen für die Diskussion:

a. Was assoziieren Sie mit dem Wort „Juli"? Welche Bedeutung hat Julis Vorname für den Film? Warum lässt Fatih Akin seine Geschichte im Sommer spielen?
b. Wie realistisch finden Sie den Film? Wenn Sie die Geschichte in einem Buch lesen würden, um welche Textsorte würde es sich vermutlich handeln? (z.B. Kurzgeschichte, Roman, Bericht, Märchen ...)
c. Welche Szenen finden Sie besonders lustig? Gibt es Szenen, die Sie kitschig finden? Warum?
d. Was wäre passiert, wenn Daniel unter der Brücke Melek *und* Juli getroffen hätte?
e. Was bedeutet der vollständige Titel „Im Herz. Im Bauch. Im Juli."? Wie finden Sie ihn? Wenn Sie selbst dem Film einen Titel geben sollten: welchen würden Sie wählen?
f. Daniel erlebt im Film eine „Odyssee". Was meint dieser Begriff? Was wissen Sie über Homers Odyssee? Gibt es Parallelen zum Film?
g. Der Regisseur Fatih Akin ist Deutscher türkischer Herkunft. Sein Film zeigt eine Reise von seiner Heimatstadt Hamburg in die Türkei durch viele verschiedene Länder. Was möchte er Ihrer Meinung nach damit zeigen?
h. Wie erlebt Daniel die fremden Länder? Wie würde es Ihnen an seiner Stelle gehen?
i. Was hat Daniel auf seiner Reise gelernt?

4. Jetzt sind Sie dran!

a. Spielen Sie in Kleingruppen oder paarweise eine Szene Ihrer Wahl nach. Sie werden sehen: Sie brauchen sehr wenig Text, gute Pantomime genügt. Wenn Sie sprechen, dann bitte nur auf Deutsch! Spielen Sie Ihre Szene der Klasse vor. Lassen Sie die Klasse raten: Welche Personen und welche Szene stellen Sie dar?

b. Juli telefoniert aus Bulgarien mit ihrer Freundin in Hamburg. Schreiben Sie mit einem Partner oder einer Partnerin einen Dialog. Üben Sie mehrmals die Aussprache und Intonation. Keine Angst vor Übertreibungen! Wenn Sie den Dialog der Klasse vorspielen, setzen Sie sich Rücken an Rücken, um die Telefonsituation nachzustellen.

c. Suchen Sie 5–10 Fotos aus Ihrem Urlaub oder schneiden Sie entsprechende Bilder aus Zeitschriften aus. Kleben Sie sie nacheinander auf und schreiben Sie zu der Sequenz einen Reisebericht. Versuchen Sie ihn dann der Klasse frei vorzutragen.

5. Weiterführende Fragen für die schriftliche Hausaufgabe:

a. Schreiben Sie einen Brief oder eine E-Mail von Daniel an seinen Nachbarn, worin er ihm unter anderem erklärt, was mit dessen Auto passiert ist.

b. Kennen Sie ein Lied, das zu „Im Juli" passen würde? Schreiben Sie seinen Text auf. Zu welcher Szene würden Sie es spielen?

c. Diskutieren Sie die unterschiedlichen Lebensentwürfe von Daniel und Juli am Anfang des Films. Welcher von beiden gefällt Ihnen besser? Für welchen ergreift der Film Partei?

d. Glauben Sie, dass Juli und Daniel ein glückliches Paar werden? Oder glauben Sie, dass Daniel mit Melek glücklich geworden wäre? Begründen Sie Ihre Meinung. Haben Sie schon einmal die „Liebe auf den ersten Blick" erlebt? Welche Erfahrungen haben Sie damit gemacht? Welche Position nimmt der Film dazu ein?

e. Schreiben Sie eine kurze Geschichte, die nur im Sommer spielen kann. Es muss keine Liebesgeschichte sein!

6. Themen für ein Referat oder eine schriftliche Hausarbeit:

a. Die Geschichte der Europäischen Union.
b. Türken in Deutschland – von der ersten bis zur dritten Generation.
c. Passt die Türkei in die Europäische Union? Eine Erörterung.
d. Grenz-Erfahrungen – ein Reisebericht.
e. Fatih Akin – ein türkischer Deutscher oder ein deutscher Türke? Ein Portrait.
f. Fatih Akins Film „Gegen die Wand".

7. Internet:

a. Suchen Sie mindestens fünf deutsche Rezensionen von „Im Juli". Sind sie überwiegend positiv oder negativ? Drucken Sie die Rezensionen aus und bringen Sie sie mit in den Unterricht. Unterstreichen Sie Stellen, die besonders gute Argumente für oder gegen die Qualität des Films beinhalten und lesen Sie diese der Klasse vor.

b. Informieren Sie sich über Fatih Akins Filmografie und machen Sie eine chronologische Liste. Welches ist sein bisher erfolgreichster Film? Welche Preise hat er gewonnen?

c. Lesen Sie von jedem von Akins Filmen eine Inhaltszusammenfassung. Erkennen Sie thematische Ähnlichkeiten?

d. Suchen Sie ein Interview mit Fatih Akin. Wie stellt er sich selbst dar? Welche Fragen würden Sie ihm gerne stellen?

e. Suchen Sie möglichst viele Filme mit Christiane Paul oder mit Moritz Bleibtreu.

f. Suchen Sie Text und Interpretin des Abspann-Songs „Du wirst deine Sonne finden".

g. Suchen Sie den genauen Wortlaut von Julis Liebeserklärung und prüfen Sie, wie gut Sie sich an den Text erinnert hatten (vgl. III 1.C.3).

h. Suchen Sie folgende Songs der deutschen A-cappella-Band „Wise Guys": „Juli" (Anfangszeile: „Wenn jetzt schon Juli wär, würd ich dich zu nem Eis einladen.") und „Jetzt ist Sommer" (Anfangszeile: „Sonnenbrille auf und ab ins Café"). Wie ist der Sommer in Deutschland? Welche Sätze aus den Texten passen zum Film? Versuchen Sie eines der beiden Lieder in singbares Englisch zu übersetzen.

TIL
SCHWEIGER

MARTIN
FEIFEL

SEBASTIAN
BLOMBERG

NADJA
UHL

MATTHIAS
MATSCHKE

DORIS
SCHRETZMAYER

WAS TUN, WENN'S BRENNT?

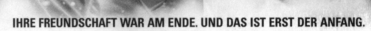

IHRE FREUNDSCHAFT WAR AM ENDE. UND DAS IST ERST DER ANFANG.

DEUTSCHE COLUMBIA PICTURES FILMPRODUKTION PRÄSENTIERT WAS TUN, WENN'S BRENNT?
EINE CLAUSSEN+WÖBKE FILMPRODUKTION EIN FILM VON GREGOR SCHNITZLER
MIT TIL SCHWEIGER MARTIN FEIFEL SEBASTIAN BLOMBERG NADJA UHL MATTHIAS MATSCHKE DORIS SCHRETZMAYER UND KLAUS LÖWITSCH
CASTING NESSIE NESSLAUER PRODUKTIONSLEITUNG SONJA B. ZIMMER HERSTELLUNGSLEITUNG ULI PUTZ KOSTÜME IVANA MILOS MUSIK STEPHAN ZACHARIAS STEPHAN GADE SCHNITT HANSJÖRG WEISSBRICH
PRODUKTIONSDESIGN ALBRECHT KONRAD KAMERA ANDREAS BERGER PRODUZENTEN JAKOB CLAUSSEN THOMAS WÖBKE DREHBUCH STEFAN DÄHNERT ANNE WILD REGIE GREGOR SCHNITZLER

GEFÖRDERT MIT MITTELN VON

www.was-tun-wenns-brennt.de

Knaur

6

Was tun, wenn's brennt?

(2001)

DER FILM:
Laufzeit: 97 Minuten
Regie: Gregor Schnitzler
Drehbuch: Anne Wild, Stefan Dähnert
Kamera: Andreas Berger
Darsteller / Darstellerinnen: Til Schweiger (Tim), Martin Feifel (Hotte),
Sebastian Blomberg (Maik), Nadja Uhl (Nele), Doris Schretzmayer (Flo),
Matthias Matschke (Terror), Klaus Löwitsch (Manowski) u.a.

Handlung: Im Jahr 2000 explodiert im eleganten Berliner Viertel
Grunewald eine Bombe. Mit 13 Jahren Verspätung. Dieses Ereignis bringt
sechs alte Freunde wieder zusammen, die schon längst sehr unterschiedliche Wege gehen: Tim, Hotte, Maik, Nele, Terror und Flo. Sie hatten in
den wilden Hausbesetzer-Zeiten der 80er Jahre die Bombe gebastelt und
diese Aktion auch noch gefilmt. Nur Tim und Hotte haben ihr Leben seitdem kaum geändert, wohnen immer noch in dem selben kaputten Haus
und haben sich nie von den alten Filmen getrennt. Als diese bei einer
Hausdurchsuchung der Polizei in die Hände fallen, müssen die ehema-
ligen Freunde etwas unternehmen.

Hintergrundinformationen: Der Film vergleicht mit einer guten
Portion Ironie das Berlin der Jahrtausendwende mit dem Berlin der Kreuz-
berger Autonomenszene kurz vor dem Fall der Mauer. Der Vorspann spielt
am 1. Mai 1987. Damals kam es zu heftigen Zusammenstößen mit der Polizei, die seitdem am 1. Mai, dem deutschen Tag der Arbeit, regelmäßig,
aber mit abnehmender Intensität, stattfinden. Trotz dieses scheinbar historischen Kontextes darf der Film nicht dokumentarisch gesehen werden.
So ist die Handlung zwar zum Teil recht unrealistisch, aber die gut gezeich-
neten Charaktere, die witzigen Dialoge und der Sprengstoff (im wahrsten

Sinne des Wortes), der aus dem unfreiwillig wieder auflebenden Kontakt zwischen den so unterschiedlichen jungen Leuten entsteht, machen den Film zu einem vergnüglichen „Berlin-Trip" der besonderen Art.

I. Vor dem Film

1. Zum Einstieg:

1. Wie wichtig ist Ihnen Politik? Wie informieren Sie sich am liebsten über Politik? Durch die Zeitung, das Radio, das Fernsehen oder das Internet?
2. Waren Sie schon einmal bei einer politischen Demonstration? Haben Sie bei einer solchen Gelegenheit schon einmal Gewalt erlebt oder Angst gehabt? Waren Sie schon einmal bei der Organisation einer Demonstration beteiligt?
3. Welches Bild haben Sie vom Berlin der 80er Jahre? Gibt oder gab es in Ihrer Stadt oder Ihrem Land besetzte Häuser? Wie stellen Sie sich das Leben in einer Stadt vor, die durch eine Mauer geteilt ist?
4. Gibt es politische Slogans, die Sie sich „übers Bett hängen" würden?
5. Empfinden Sie Veränderungen im Allgemeinen eher als positiv oder als negativ?

2. Wortschatz:

beschlagnahmen	to confiscate
das besetzte Haus	occupied house
bürgerlich	bourgeois
die Haus(durch)suchung	house search
Jura, das Jurastudium	law (studies)
der Kochtopf	pot
die Krabbelstube	day nursery
der Lautsprecher	(loud)speaker
alleinerziehende Mutter	single mother
der Staatsanwalt	prosecuting attorney
sich stellen	to turn oneself in
der Wasserwerfer	water cannon
die Werbeagentur	advertising agency

Typisch Deutsch:

das BKA	das Bundeskriminalamt	Federal Criminal Police Office
der Grunewald	Berliner Villenviertel	exclusive residential area in Berlin
Kreuzberg	Berliner „Türkenviertel"	Turkish district in Berlin

Typisch „Autonomenslang":

der Bullenstaat	cop / pig state
die Gefahrenzone	danger zone
die Immobilienschnalle	real estate broad
das Imperialistenschwein	imperialistic pig
das Kameradenschwein	traitor of a comrade
die Kommerzscheiße	capitalist bullshit

3. Wortschatzübungen:

A. Entscheiden Sie sich für einen der beiden Ausdrücke in Klammern:

1. Hotte und Tim zahlen keine Miete, sie wohnen in einem (besetzten Haus / Mietshaus).

2. Die Freunde kochen Spaghetti in (einer Pfanne / einem Kochtopf).

3. Die Polizei setzt bei der Mai-Demonstration (Wunderkerzen / Wasserwerfer) ein.

4. Um Staatsanwalt zu werden, muss man (Politologie / Jura) studieren.

5. Nach Istanbul ist (Kreuzberg / Grunewald) weltweit der Ort mit den meisten türkischen Einwohnern.

6. Wer seinen Freunden nicht hilft, wenn sie in Schwierigkeiten sind, ist ein (Kameradenschwein / Bullenschwein).

B. Ordnen Sie den Verben und Ausdrücken in der linken Spalte die richtige Bedeutung in der rechten Spalte zu!

Haus(durch)suchung	Maklerin
beschlagnahmen	Ort der Betreuung für Kinder unter drei Jahren
Werbeagentur	übertriebener Konsum
Krabbelstube	konfiszieren, legal wegnehmen
alleinerziehende Mutter	Büro, das für Firmen Werbung entwirft
Immobilienschnalle	polizeiliche Durchsuchung
Kommerzscheiße	Frau, die ohne Partner ihr(e) Kind(er) aufzieht

II. Während und/oder nach dem Film

1. Richtig oder falsch?

1. Tim und Hotte wohnen seit fünf Jahren in der Machnowstraße.	R	F
2. Bei der Explosion der Bombe sterben zwei Menschen.	R	F
3. Maik ist heute Chef einer erfolgreichen Werbeagentur.	R	F
4. Tim und Flo waren einmal ein Paar.	R	F
5. Terror möchte Arzt werden.	R	F
6. Inspektor Manowski ist der Star des BKA.	R	F
7. Hotte sitzt seit einem Autounfall im Rollstuhl.	R	F
8. Nele und Flo waren schon immer enge Freundinnen.	R	F
9. Nele ist verheiratet.	R	F
10. Flo hat keine Geldprobleme.	R	F
11. Terror kann einfach nicht über eine rote Ampel fahren.	R	F

2. Wählen Sie die richtige Antwort aus:

1. Tim, Hotte, Maik, Nele, Terror und Flo nannten sich früher _____.
   a. Gruppe 36
   b. Gruppe 64
   c. die Autonomen

2. Die Machnowstraße liegt in _____.
   a. Grunewald
   b. Charlottenburg
   c. Kreuzberg

3. Der erste der Gruppe, der von der Bombenexplosion erfährt, ist

_____.

        a. Hotte
        b. Tim
        c. Maik

4. Tim und Hotte überlegen, nach _____ zu fliehen.
        a. Italien
        b. Polen
        c. Russland

5. Terror findet sich selbst _____.
        a. hochintelligent
        b. moralisch überlegen
        c. bescheuert

6. Inspektor Manowski ist ein _____.
        a. alter Nazi
        b. schlechter Kriminalbeamter
        c. Kenner der Autonomenszene

3. Beantworten Sie folgende Fragen:

1. Warum wurde Grunewald im Gegensatz zum größten Teil Berlins nicht bombardiert?

_____

2. Warum kann Hotte trotz seiner Behinderung in der besetzten Wohnung leben?

_____

3. Worin besteht Tims Aktion „Befreiung von Karstadt"?

_____

4. Warum mag Inspektor Manowski die Presse nicht?

_____

5. Warum geraten die alten Filme in die Hände der Polizei?

_____

6. Mit welcher Strafe müssen die Freunde rechnen, wenn die Polizei sie als die Bombenbauer identifiziert?

_____

7. Wie kommen die Freunde an die ersten Informationen über die Polizeikaserne Tempelhof?

_____

8. Wie kommen Tim, Maik und Nele beim ersten Mal in die Kaserne?

_____

9. Wie hat Hotte seine Beine verloren?

_____

10. Warum versteckt sich Hotte in der Holzkiste?

_____

11. Welchen Deal macht Tim mit dem Hausbesitzer, als er hört, dass Hotte in der Kaserne festsitzt?

_____

4. Wer sagt im Film zu wem die folgenden Sätze?

Beispiel: „Charlottenburg betret ich nicht."

  Tim zu Hotte

1. „Ich hab das alles längst vergessen."

2. „Seid ihr sicher, dass ich überhaupt drauf zu sehen bin?"

3. „Wir haben uns so verändert, ich würde mich ja selbst nicht wiedererkennen."

4. „Hier regnet's ja immer noch durch."

5. „Also ich werde keine Gewalt anwenden."

6. „Ich hab nur bis Freitag Zeit."

7. „Shit happens."

8. „Ich kann wenigstens noch in den Spiegel schauen."

9. „Ich liebe meine Firma. Ich liebe mein Penthouse in New York. Ich liebe meine deutsche Putzfrau. Und ich liebe mein Mobile."

10. „Alle Typen wollen immer mit mir wegfahren. (...) Ich sollte einfach mal dableiben. (...) Du bist immer nur gegen was, du bist nie für was. (...) Du hast keine Ahnung von mir."

11. „Die Filme waren das Beste, was wir jemals gemacht haben."

12. „Du und ich, ja? Wir hätten damals echt was bewegen können. (...) Das war mal unsere Stadt, die Stadt unserer Träume!"

13. „Dir fehlen zwei wichtige Voraussetzungen zum Gehen."

14. „An einem Tag hast du Freunde, und am nächsten Tag sind sie weg. (...) Tim ist doch der einzige, der geblieben ist."

15. „Wir könnten wieder zusammenziehen, so wie früher."

16. „Es wäre besser, wenn man uns so schnell nicht mehr zusammen sieht, so 14 Jahre oder so."

17. „Manchmal kriegt man eine zweite Chance, ich möchte sie nutzen."

18. „Arschlöcher gehören auch dazu."

19. „Freundschaft wird im Allgemeinen überbewertet."

20. „Mensch, ich kann mich doch nicht ein ganzes Leben lang um dich kümmern."

III. Nach dem Film

1. Die Figuren und ihre Beziehungen:

A. Die Charaktere:

Wählen Sie aus folgenden Adjektiven für jede Hauptfigur mindestens fünf aus:

> attraktiv - unattraktiv - dumm - intelligent - naiv - realistisch -
> lebenserfahren - fanatisch - gelassen - arrogant - kühl - herzlich -
> sympathisch - unsympathisch - gutmütig - liebenswert - geheimnisvoll -
> unsicher - selbstsicher - nostalgisch - karrieregeil - egoistisch - hilfsbereit
> - traurig - fröhlich - lächerlich - lustig - schüchtern - schlagfertig -
> kreativ - zuverlässig - faul - fleißig - intuitiv - mutig - ängstlich - ernst

Natürlich können Sie auch andere Adjektive aussuchen, die Ihrer Meinung nach passen.

• Tim:_____

• Hotte: _____

• Nele: _____

• Terror: _____

• Flo: _____

• Maik:_____

• Inspektor Manowski: _____

B. Die Beziehungen:

Beschreiben Sie die Beziehung zwischen ...

• Tim und Hotte:

_____

_____

• Tim und Maik:

_____

_____

• Tim und Flo:

_____

_____

• Nele und Flo:

_____

_____

Warum mögen sich die beiden nicht besonders? Zählen Sie mindestens drei Szenen auf, in denen das offensichtlich wird:

_____

_____

2. „Legal illegal scheißegal"

A. Im Film sind viele für die Autonomenszene typische Sprüche als Graffiti zu sehen.

Beispiel: Wir wollen nicht ein Stück vom Kuchen – wir wollen die
            ganze Bäckerei

            Rangehen – reingehen

            High sein, frei sein, Terror muss dabei sein

Erinnern Sie sich an weitere Sprüche aus dem Film?

_____

_____

96 **Was tun, wenn's brennt?**

Welche Sprüche findet man bei Ihnen typischerweise in U-Bahn-Stationen, an Hauswänden usw.?

_____

_____

B. Wie beurteilen Sie folgende Aktionen? Vorschläge für mögliche Antworten:

„Das habe ich auch schon gemacht."

„Das würde ich selbst nie machen!"

„Das finde ich nicht so schlimm."

„Dafür würde ich jemanden anzeigen!"

„Das finde ich schrecklich!"

...

1. einen Mercedesstern abreißen

2. einen Joint rauchen

3. sich auf einer öffentlichen Parkbank betrinken

4. betrunken Auto fahren

5. eine Schaufensterscheibe einwerfen

6. ein Haus besetzen

7. eine(n) Unbekannte(n) auf der Straße um Geld oder eine Telefonkarte bitten

8. in einem großen Kaufhaus etwas stehlen

9. in einem kleinen Geschäft etwas stehlen

10. Graffiti auf eine Hauswand sprühen

11. einen Polizisten anlügen

3. „Was tun, damit uns die Polizei nicht identifizieren kann?"

A. Ideen:

Notieren Sie mindestens zwei Ideen, die nicht realisiert werden:

Beispiel: „Wir schweben": Nele meint, sie könnten in einem Fessel-
ballon in die Kaserne eindringen

_____

_____

B. Plan 1: „Wir holen die Filme aus der Kaserne raus!"

Wie weit gelingt dieser Plan?

_____

_____

Woran scheitert dieser Plan?

_____

_____

C. Plan 2: „Wir bauen sie (die Bombe) noch mal!"

Notieren Sie möglichst alle Schritte, die zum Erfolg führen. Warum gelingt
dieser Plan?

_____

_____

Worum geht es in der Sage vom „Trojanischen Pferd"? Was ist das
„Trojanische Pferd" hier? Welche Rolle spielt Hotte?

_____

_____

4. Musik:

Für die folgenden Übungen machen Sie am besten zuerst die Internet-übung 9.b.

a. Zweimal im Film ist das Lied „Ein Jahr" von den „Fehlfarben" zu hören. (Im Lied taucht immer wieder der Satz auf „Es geht voran".) Welche Szenen sind das?

---

b. In welcher Szene brüllen Tim und Flo „Macht kaputt, was euch kaputt macht"? Beschreiben Sie die Szene möglichst genau.

---

c. Kennen Sie das englischsprachige Lied im Film? Wie heißt es? Auch dieses ist zweimal zu hören. In welchen Szenen?

---

d. Gefallen Ihnen die Lieder im Film? Hätten Sie gern mehr Musik gehabt? Oder weniger? Hätten Sie andere Musik ausgesucht? Wenn ja, welche? Suchen Sie je ein anderes Stück für den Vorspann und den Abspann des Filmes aus. Wenn Sie möchten oder können, schreiben Sie das Lied selbst.

---

5. Weiterführende Fragen für die Diskussion:

a. Welche Stimmung erzeugt der Super-8-Film der ersten Filmminuten?
b. Welche Szene finden Sie am lustigsten? Welche am traurigsten? Am überraschendsten? Am rührendsten? Welche Szenen sind Ihrer Ansicht nach vollkommen unrealistisch?

c. Glauben Sie, dass Tim und Flo wieder zusammen glücklich werden können? Auch Terror und Nele scheinen am Ende verliebt. Welchem Paar geben Sie eine Chance?

d. Vergleichen Sie die beiden Polizeibeamten Henkel und Manowski. Warum hilft Manowski am Ende der Gruppe?

e. Beschreiben Sie Flos Verlobten und ihren gemeinsamen Freundeskreis.

f. Ist Nele eine „gute Mutter"? Was würden Sie genauso machen, was anders?

6. Jetzt sind Sie dran:

a. Spielen Sie in Kleingruppen oder Paaren eine Szene Ihrer Wahl nach. Sie werden sehen: Sie brauchen sehr wenig Text, gute Pantomime genügt. Wenn Sie sprechen, dann bitte nur auf Deutsch! Spielen Sie Ihre Szene der Klasse vor. Lassen Sie die Klasse raten: Welche Personen und welche Szene stellen Sie dar?

b. Stellen Sie sich vor, am Ende des Films ziehen Tim und Flo zusammen in eine Wohnung. Hotte zieht nach Frankfurt, um eine Informatikausbildung zu beginnen. Tim und Hotte verbringen noch einen letzten Abend zusammen in der Machnowstraße. Schreiben Sie mit einem Partner oder einer Partnerin einen kurzen Dialog, wie ihr letztes Gespräch verlaufen könnte. Üben Sie mehrmals die Aussprache und Intonation. Spielen Sie die Szene der Klasse vor. Keine Angst vor Übertreibungen!

c. Wann, wie und warum haben sich Tim und Flo wohl damals getrennt? Schreiben Sie mit einem Partner oder einer Partnerin einen kurzen Trennungs-Dialog. Üben Sie mehrmals die Aussprache und Intonation. Besorgen Sie sich eine Videokamera. Nehmen Sie diesen Dialog gemeinsam auf Video auf. Sehen Sie sich in der Klasse mehrere Versionen dieser Szene an. (Wenn Sie möchten, prämieren Sie das beste Paar.)

d. Machen Sie zuerst die Internetübung 9.d. Schreiben Sie dann mit einem Partner oder einer Partnerin ein kurzes Telefongespräch mit einem potentiellen Vermieter. Fragen Sie nach Details und vereinbaren Sie einen Besichtigungstermin.

e. Bereiten Sie mit einem Partner oder einer Partnerin eine Liste von Fragen vor. Interviewen Sie sich gegenseitig (oder in einer größeren Gruppe). (Wenn Sie mögen, nehmen Sie die Interviews auf Video auf.) Dann beantworten Sie die Fragen noch einmal schriftlich für sich selbst und heben Sie sie auf. In zehn Jahren werden Sie viel Spaß damit haben ...

Vorschläge für Fragen: „Wenn du an deine Zukunft denkst, bist du eher optimistisch oder pessimistisch? Welche Pläne/Wünsche/Träume hast du? Wo möchtest du in zehn Jahren leben? Hast du einen Traumjob? Glaubst du, du wirst deinen Traum verwirklichen können? Was bist du bereit, dafür zu tun? Möchtest du einmal Familie haben? Mit wie vielen bzw. welchen Menschen, die dir heute wichtig sind, wirst du deiner Meinung nach noch Kontakt haben? Wer sind heute deine besten Freunde? Glaubst du, es sind Freunde fürs Leben? Hast du erwachsene Vorbilder dafür, wie du einmal leben möchtest? Was würdest du genauso machen wie deine Eltern, was ganz anders?"

7. Weiterführende Fragen für die schriftliche Hausaufgabe:

a. Was bedeutet Freundschaft für Sie? Wie viele gute Freunde haben Sie? Haben Sie einen besten Freund oder eine beste Freundin? Welche Erfahrungen haben Sie mit Cliquen?

b. Wie wird die Polizei in diesem Film dargestellt? Entspricht diese Darstellung dem Bild, das Sie von der deutschen Polizei haben? Wie wird normalerweise in Ihrem Land die Polizei in Filmen gezeigt?

c. Stellen Sie sich vor, Sie treffen nach zehn Jahren einige Klassenkameraden wieder. Über welche der folgenden Sätze würden Sie sich ärgern? Über welche würden Sie sich freuen? „Du hast dich ja überhaupt nicht verändert!" „Du bist ja kaum wiederzuerkennen!" „Du bist dir wirklich treu geblieben!" „Du bist immer noch der/die Gleiche." „Du hast dich aber ganz schön verändert!" Warum?

d. Bertolt Brecht, „Das Wiedersehen": „Ein Mann, der Herrn K. lange nicht gesehen hatte, begrüßte ihn mit den Worten: ‚Sie haben sich gar nicht verändert.' ‚Oh,' sagte Herr K. und erbleichte". Kommentieren Sie dieses Zitat im Zusammenhang mit dem Film.

e. „Die Fronten verlaufen längst nicht mehr rechts oder links der Barrikade, sondern zwischen denen, die's geschafft haben und den paar Irren, die versucht haben, sich treu zu bleiben", sagen sowohl Manowski als auch Tim im Keller der Kaserne. Kommentieren Sie diese Aussage. Kann man „es schaffen" und sich trotzdem „treu bleiben"?

8. Themen für ein Referat oder eine schriftliche Hausarbeit:

a. Der Wandel des Berliner Viertels Kreuzberg („Berlin 36") von 1945 bis heute.

b. Die Karriere des Schauspielers Til Schweiger.

c. Die Berliner Autonomenszene.

d. „Ton Steine Scherben" – eine deutsche Kult-Band.

9. Internet:

a. Suchen Sie einen aktuellen Stadtplan von Berlin, drucken Sie ihn aus und markieren Sie darauf die Stadtviertel Kreuzberg, Charlottenburg und Grunewald. Können Sie die Machnowstraße finden? Suchen Sie außerdem einen alten Berliner Stadtplan, auf dem die Mauer noch eingezeichnet ist. Zeichnen Sie den Verlauf der Mauer auf dem neuen Stadtplan ein.

b. Suchen Sie die Texte der beiden deutschsprachigen Lieder aus dem Film – „Macht kaputt, was euch kaputt macht!" von „Ton Steine Scherben" und „Ein Jahr" von „Fehlfarben". Bringen Sie sie mit in die Klasse. Übersetzen Sie sie und vergleichen Sie Ihre Version mit drei Klassenkameraden.

c. Suchen Sie mindestens drei deutschsprachige Rezensionen des Films „Was tun, wenn's brennt?" und bringen Sie sie mit in den Unterricht. Unterstreichen Sie insgesamt mindestens zehn Stellen, die Sie besonders interessant finden und in der Klasse vorlesen wollen. Welche Rezensionen entsprechen Ihrer eigenen Meinung, welche nicht? Schreiben Sie selbst eine kurze Rezension (ca. 80 Wörter) über den Film.

d. Surfen Sie auf dem Berliner Wohnungsmarkt. Suchen Sie ...

- in den Vierteln Grunewald oder Charlottenburg eine 4–5-Zimmer-Wohnung für eine Familie mit Kindern, möglicherweise mit Balkon und Parkettboden. Wieviel müssten Sie mindestens ausgeben? Was kostet eine vergleichbare Wohnung in Ihrer Heimat?

- für sich selbst irgendwo in Berlin eine Wohnmöglichkeit für drei Wochen im August, z.B. über die Mitwohnzentrale. Überlegen Sie sich vorher, was Sie ausgeben können oder wollen, und ob Sie lieber alleine oder in einer Wohngemeinschaft leben möchten.

- in Kreuzberg eine neue, legale Wohnung für Hotte und Tim. Wie viel würde sie kosten?

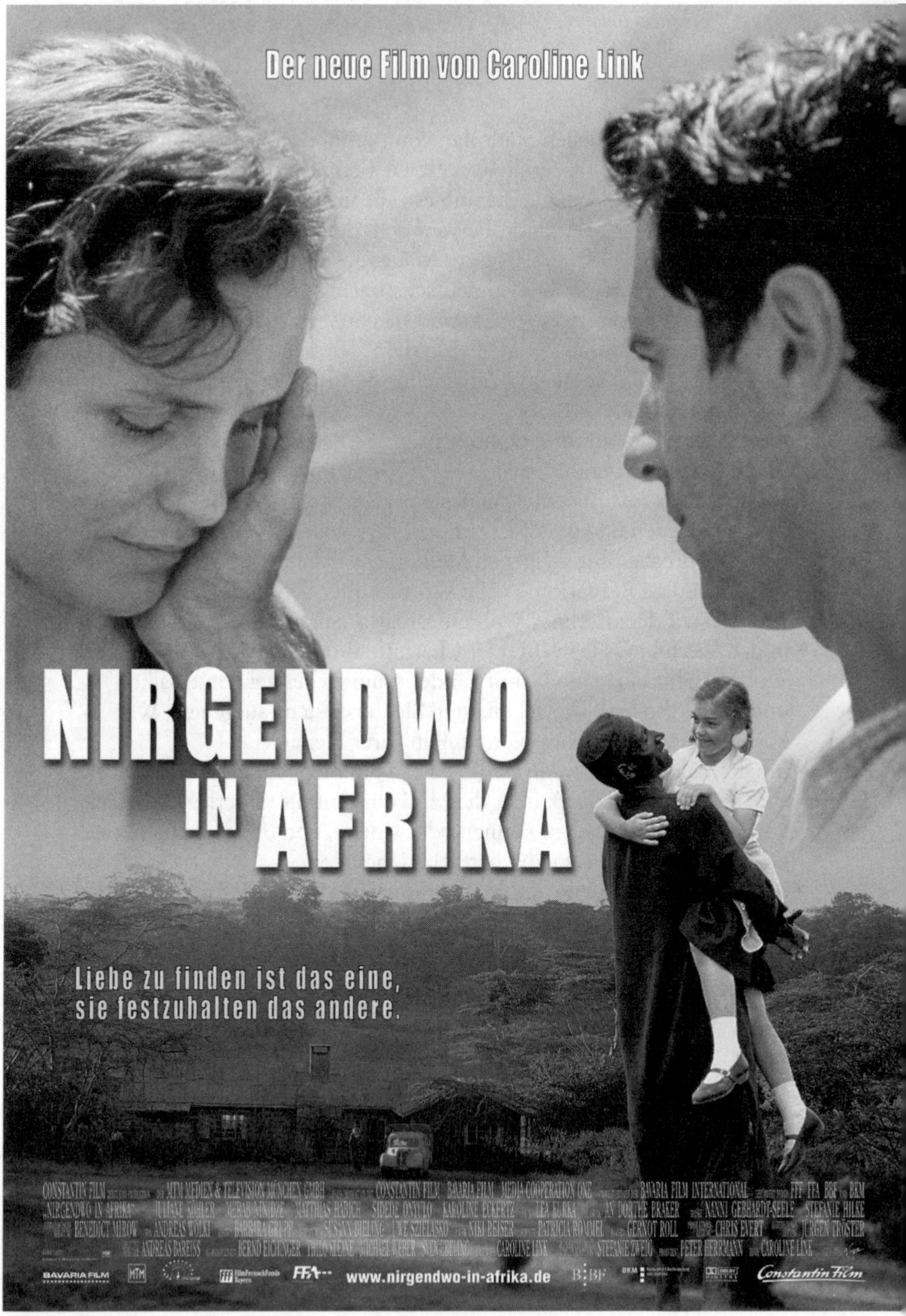
Der neue Film von Caroline Link
NIRGENDWO IN AFRIKA
Liebe zu finden ist das eine,
sie festzuhalten das andere.
BAVARIA FILM
www.nirgendwo-in-afrika.de
Constantin Film

7

Nirgendwo in Afrika

(2001)

DER FILM:

Laufzeit: 135 Minuten

Drehbuch & Regie: Caroline Link, frei nach dem gleichnamigen Buch von Stefanie Zweig

Kamera: Gernot Roll

Darsteller / Darstellerinnen: Juliane Köhler (Jettel Redlich), Merab Ninidze (Walter Redlich), Matthias Habich (Süßkind), Sidede Onyulo (Owuor), Lea Kurka (Regina als Kind), Karoline Eckertz (Regina als Heranwachsende) u.a.

Handlung: Kenia 1938–1947. Die jüdische Familie Redlich aus Breslau emigriert nach Kenia, da Walter Redlich seinen Anwaltsberuf unter den Nazis nicht mehr ausüben darf. Zuerst arbeitet er als Verwalter auf einer Rinderfarm, bis er bei Kriegsbeginn als „feindlicher Ausländer" in Nairobi interniert wird. Seine Frau Jettel, aus gutbürgerlicher Familie stammend, kann sich nur unter großen Schwierigkeiten an das „zweite Leben" auf der Farm gewöhnen, während ihre fünfjährige Tochter Regina durch die Freundschaft mit dem Koch Owuor sehr schnell mit Sprache und Gebräuchen ihrer neuen Umgebung vertraut wird. Unterdessen droht die Ehe der Redlichs zu zerbrechen, da sie nicht in der Lage sind, ihre Reaktionen auf die Exilsituation und auf die immer schlimmeren Nachrichten aus der Heimat gemeinsam zu verarbeiten ...

Hintergrundinformationen: Anfang 1938 gehörte die englische Kolonie Kenia zu den wenigen Ländern, in die für die verfolgten deutschen Juden noch eine problemlose Auswanderung möglich war. Diese wurde von der jüdischen Gemeinde Nairobi unterstützt, welche die Reisekosten sowie eine erste Vermittlung von Arbeit und Unterkunft übernahm. Die bei Kriegsbeginn als „enemy aliens" internierten deutschen Flüchtlinge bekamen später die Möglichkeit, in die Royal Army einzutreten und nach dem Krieg entweder einen britischen Pass zu erhalten oder in ihre Heimat zurückzukehren.

I. Vor dem Film

1. Zum Einstieg:

1. Kennen Sie Menschen, die gezwungen waren, ihre Heimat zu verlassen? Welche Gründe zur Emigration gibt es heute?
2. Was könnte Sie selbst dazu bringen, in einem anderen Land ein neues Leben zu beginnen?
3. Was würden Sie ins Exil mitnehmen, wenn Sie nur einen Koffer packen dürften?
4. Was würde Ihnen im Exil am meisten fehlen? Z.B. Familie, Freunde, Sprache, kultureller Hintergrund, Gewohnheiten ...
5. Haben Sie schon einmal eine längere Zeit im Ausland verbracht? Wenn ja – war die Erfahrung positiv? Was hatte sich bei Ihrer Rückkehr verändert?
6. Sind Sie schon einmal mit Menschen aus einem völlig anderen Kulturkreis zusammengetroffen? Welche Schwierigkeiten – neben der Sprache – ergaben sich daraus?
7. Was bedeutet „Heimat" für Sie? Diskutieren Sie, welche englischen Wörter den deutschen Begriff am treffendsten wiedergeben.
8. Vergleichen Sie eine Deutschlandkarte vor 1939 mit einer nach 1945 und machen Sie sich die veränderten Grenzen genau bewusst. Suchen Sie auf beiden Karten die Orte Breslau und Leobschütz. In welcher Region lagen diese beiden Orte 1938, in welchem Land befinden sie sich heute? Wie heißen sie heute?
9. Waren Sie schon einmal in Afrika? Wenn ja – was haben Sie erlebt und gesehen?

2. Wortschatz:

die Ahnen	ancestors
das Amtsgericht	district court
der Ausflug	excursion
etwas aushalten	to bear or stand something
der Außenseiter	outsider
jemanden beschwören, etwas zu tun	to implore somebody to do something

(mit dem Leben) davonkommen	to escape (with one's life)
etwas durchstehen	to get through / withstand something
der Eisschrank	refrigerator
erwachsen sein	to be grown-up
der Flüchtling	refugee
die Gewissheit	certainty
die Heuschrecke	grasshopper, locust
etwas hinkriegen	to manage something
die Kneipe	pub
jemandem kündigen	to give or hand in one's notice
der Mistkerl	jerk, bastard
die Steuererklärung	tax declaration
der Tapetenwechsel	change of scene
tapfer	brave
jemanden verhaften	to arrest someone
der Versager	failure, loser
verwundbar	vulnerable
der Vorsitzende	chairman, president
der Zeitgenosse	contemporary

Typisch jüdisch:

das Massel	das Glück
der Goj	der Nichtjude
meschugge	verrückt
Passah	jüdisches Osterfest

Erkennen Sie Wörter, die es auch in Ihrer Sprache gibt? Schreiben Sie sie dazu und vergleichen Sie die Schreibweise!

3. Wortschatzübungen:

A. Welches Wort passt nicht zu den anderen? Markieren Sie.

der Flüchtling - die Auswanderung - das Heimweh - das Gefängnis - das Exil

die Heimat - die Fremde - das Zuhause - die Geborgenheit - das Vaterland

die Eltern - die Vorfahren - die Freunde - die Ahnen - die Enkel

sich verstecken - sich verabschieden - winken - weinen - sich trennen

der Verwalter - der Koch - die Nachbarin - die Juristin - der Verkäufer

aushalten - durchstehen - hinkriegen - schaffen - ausschalten

B. Kennen Sie das Gegenteil?

Beispiel: beschäftigt - arbeitslos

dunkel - _____   der Freund - _____

arm -   _____   die Angst - _____

nutzlos - _____   respektieren - _____

II. Während und/oder nach dem Film

1. Richtig oder falsch?

1. Reginas Großvater Max besitzt eine Fabrik.   R   F
2. Walter hat Malaria.   R   F
3. Die Redlichs sind sehr religiös.   R   F
4. Jettel mag kein Fleisch.   R   F
5. Walter spricht gut Englisch.   R   F
6. Walter wird interniert, weil er Deutscher ist.   R   F
7. Süßkind möchte nach Deutschland zurück.   R   F
8. Owuor hat drei Frauen.   R   F
9. Regina ist schlecht in der Schule.   R   F
10. Die Heuschrecken vernichten den Mais.   R   F
11. Walter möchte einen englischen Pass.   R   F

2. Wählen Sie die richtige Antwort aus:

1. Vor der Reise kauft Jettel _____.
    a. Bettwäsche
    b. ein Abendkleid
    c. Geschirr

2. Walter schenkt Owuor _____.
    a. einen Anzug
    b. eine Robe
    c. einen Mantel

3. Süßkind ist _____.
    a. Arzt
    b. Anwalt
    c. Landwirt

4. Owuor schenkt Regina _____.
                a. einen jungen Hund
                b. eine junge Antilope
                c. ein Löwenjunges

5. Regina und Jettel leben in Nairobi _____.
                a. in einem Lager
                b. in einer Turnhalle
                c. in einem Hotel

6. Walters zweiter Arbeitsplatz in Ol Joro Orok wird vermittelt von _____.
                a. Edward Rubens
                b. Süßkind
                c. dem britischen Sergeant Green

7. Walters Vater Max schickt mit seinem letzten Brief _____.
                a. Rosensamen
                b. Fotos
                c. seine neue Adresse

8. Walters Vater Max _____.
                a. emigriert
                b. wird vermisst
                c. wird ermordet

9. Walter wird im Nachkriegsdeutschland als _____ arbeiten.
                a. Farmer
                b. Richter
                c. Anwalt

3. Beantworten Sie folgende Fragen:

A. Jettel in Rongai:

1. Welche Gegenstände / Handlungen / Kleidungsstücke zeigen, dass Jettel nicht auf das Farmleben eingestellt ist?

_____

_____

2. Wie behandelt Jettel Owuor? Nennen Sie zwei typische Szenen oder Äußerungen.

_____

_____

3. Welche Anweisungen gibt Jettel Regina?

_____

_____

4. Was vermisst Jettel am meisten?

_____

_____

B. Jettel in Ol Joro Orok:

1. Wie verändert sich Jettel äußerlich?

_____

_____

2. Wie verhält sie sich jetzt gegenüber Owuor?

_____

_____

3. Warum will sie Walter nicht nach Nairobi begleiten?

_____

_____

C. *Owuor:*

1. Warum fühlt Walter sich Owuor besonders verbunden?

_____

2. Welche Funktion hat Owuor auf der Farm? Was tut er außerdem?
   Was erfährt man über seine eigene Familie?

_____

_____

3. In welcher Szene macht er sich zum Gespött der einheimischen Frauen?
   Warum?

_____

D. *Walter und Jettel:*

1. In welchen Szenen kommt es zum Streit zwischen Walter und Jettel?
   Was ist jeweils das Hauptthema der Auseinandersetzung (nennen Sie
   ein Stichwort)?

Beispiel: Szene am ersten Abend im Schlafzimmer: der Eisschrank und
            das Abendkleid

_____

_____

2. Auf wen ist Walter eifersüchtig?

_____

3. Warum glaubt Walter, dass Jettel ihn für einen Versager hält?

_____

4. Welche Szenen zeigen eine Versöhnung zwischen den beiden? Wodurch kommt sie zustande?

_____

_____

5. Welche drei Dinge tut Jettel in Nairobi, um die Situation der Familie zu verbessern? Welche ihrer Handlungen sind erfolgreich, welche nicht? Warum (nicht)?

_____

_____

E. Regina:

1. In welchen Szenen wird deutlich, dass Regina sehr bald in beiden Kulturen zu Hause ist?

_____

_____

2. Bei welcher Gelegenheit jagen ihr die Bräuche der Afrikaner dennoch Angst ein?

_____

3. Welche Angst aus Deutschland hat sie abgelegt?

_____

4. Welche Probleme hat Regina in der Schule?

_____

5. Was wirft Regina ihrer Mutter im zweiten Teil des Films vor?

_____

F. Die politische Lage:

1. Wie informieren sich die Redlichs über die Ereignisse in Deutschland?

2. Zitieren oder erfinden Sie jeweils mindestens eine typische Äußerung, um zu illustrieren, wie die folgenden Figuren die Lage in Deutschland beurteilen:

• Max: „In ein, zwei Jahren ist das hier doch alles vorbei!"

• Walter: „_____"

• Jettel (in Rongai): „_____"

• Jettel (in Ol Joro Orok): „_____"

• Regina: „_____"

• Süßkind: „_____"

• Edward Rubens (der Vorsitzende der Jüdischen Gemeinde Nairobi):

„_____"

3. Welche Szenen zu Beginn des Films zeigen die Bedrohung der Juden durch die Nazis? Welche filmischen Mittel werden eingesetzt?

_____

_____

4. Welcher Fehler wird den Familienangehörigen der Redlichs zum Verhängnis?

_____

_____

5. Welches Schicksal erleiden die folgenden Figuren?

   • Max: _____

   • Liesel: _____

   • Ina und Käthe: _____

6. Warum beneidet Walter Jettel um den Brief, den sie von ihrer Mutter und Schwester erhält?

_____

7. Wie und wann erfährt Walter vom Schicksal seines Vaters und seiner Schwester?

_____

_____

8. Süßkind sagt zu Walter: „Dein Problem ist, dass du nicht weißt, wer du bist". Wer oder was ist Walter aus folgenden Perspektiven?

   • aus der Sicht der Nazis: _____

   • aus der Perspektive der Engländer vor dem Krieg:

_____

   • aus der Perspektive der Engländer nach Kriegsbeginn:

_____

   • in den Augen der Afrikaner: _____

   • aus seiner eigenen Sicht: _____

9. Wie sieht es 1947 in Deutschland aus?

_____

G. Das Judentum:

Welche Rolle spielt das religiöse Judentum im Leben der Redlichs?
In welchen Szenen des Films ist es Thema?

_____

_____

H. Zwei „Welten":

1. Beschreiben Sie, wie die Zuschauer von Anfang an auf das Aufeinander-
treffen der beiden „Welten" Deutschland und Afrika eingestimmt
werden. Wodurch unterscheiden sich die beiden „Welten" optisch?
Welches filmische Bild zeigt den direkten Übergang?

_____

_____

2. Was sagen die deutschen Kinder über die „Neger"?

_____

3. Woran denkt Regina, wenn sie sich an Deutschland erinnert?

_____

4. Welche Elemente der deutschen Kultur werden nach Rongai
„exportiert" (z.B. Bücher, Autoren, Texte, Gegenstände, Gerichte ...)?
Welche Szene zeigt die Vermischung der beiden Kulturen am an-
schaulichsten?

_____

_____

5. Was lernt Regina von Owuor? Wie und warum gelingt es ihr, in der Welt
der Dorfbewohner akzeptiert zu werden? Welche Bedeutung hat das
Pokot-Fest für Regina und Jettel?

_____

_____

4. Wer sagt im Film zu wem die folgenden Sätze?

Beispiel: „Es ist wunderschön – aber hier können wir doch nicht leben!"

Jettel zu Walter

1. „Einer liebt immer mehr – das macht es so schwierig. Und der, der mehr liebt, ist verwundbar."

2. „Hier in Rongai bist du klug, nicht ich."

3. „In meinem bisherigen Leben habe ich Gott nie vermisst."

4. „Du redest jetzt schon wie ein Neger!"

5. „Ein Koch gräbt nicht in der Erde."

6. „Das Gute kann man nicht oft genug sagen."

7. „Die hat's Massel vom Goj."

8. „Ein weißes Kind ist nun mal kein schwarzes Kind."

9. „Es gibt keine Freundschaft zwischen Deutschen und Juden! (...) Sie sind am Leben, Sie sind hier – my God, machen Sie was draus!"

10. „Hast du mich vermisst in deinem Hotel?"

11. „Das ist nicht mein Krieg."

12. „Du wolltest nie dahin, wo wir gerade waren."

13. „Unterschiede sind etwas Gutes."

14. „Dieser Mais ist mir herzlich egal!"

15. „Wer zuerst auf Safari geht, hat trockene Augen."

16. „An einem Abschied stirbt man nicht, sonst wär ich schon längst tot."

III. Nach dem Film

1. Die Figuren und ihre Beziehungen:

1. Jettel:

Wählen Sie je mindestens fünf Adjektive aus, die auf Jettel in Rongai bzw. in Ol Joro Orok zutreffen.

> interessiert - verwöhnt - egoistisch - freundlich - tolerant - überheblich - aggressiv - mutig - eitel - trotzig - eifersüchtig - hilflos - faul - enttäuscht - begeistert - ruhig - tapfer - wütend - verliebt - abhängig - besorgt - autoritär - wehleidig - erschöpft - verständnisvoll - streitlustig - fröhlich - verantwortungsbewusst - zupackend - aufgeregt - ängstlich - schlagfertig - geduldig - arrogant - selbstständig - fleißig - emanzipiert

Natürlich können Sie auch andere Adjektive aussuchen, die Ihrer Meinung nach passen.

• in Rongai: _____

• in Ol Joro Orok: _____

Was meint Elsa Konrad im Norfolk Hotel in Nairobi mit dem Satz: „Vor der Emigration war jeder Dackel ein Bernhardiner!"? Ab welchem Zeitpunkt im Film gilt dieser Satz für Jettel definitiv nicht mehr?

_____

_____

Welche dramaturgische Bedeutung hat die Szene mit der sterbenden Kenianerin?

_____

Warum möchte Jettel am Ende nicht zurück nach Deutschland?

_____

2. Walter:

Unterstreichen Sie mindestens fünf Adjektive, die auf Walter zutreffen:

> resigniert - realistisch - unruhig - zornig - selbstsicher - nachgiebig -
> zweifelnd - angespannt - pragmatisch - stark - optimistisch -
> verzweifelt - melancholisch - misstrauisch - zärtlich - stolz -
> nachdenklich - gesprächig - eigensinnig - zielstrebig - humorvoll -
> ehrlich - idealistisch - sarkastisch - aufbrausend - unberechenbar -
> egoistisch - tolerant - pflichtbewusst

Natürlich können Sie auch andere Adjektive aussuchen, die Ihrer Meinung
nach passen.

_____

Worunter leidet Walter Ihrer Meinung nach im Exil am meisten? Nennen
Sie mehrere Punkte in der Reihenfolge ihrer Wichtigkeit.

_____

_____

Warum möchte Walter zurück nach Deutschland? In welcher Szene in der
ersten Hälfte des Films deutet sich dieser Entschluss bereits an?

_____

_____

Beschreiben Sie Walters Beziehung zu Regina.

_____

_____

Kommentieren Sie Walters Satz: „Alles, was ich auf dieser Welt liebe, liegt
hier in diesem Bett." Was bedeutet er für den weiteren Verlauf der Handlung?

_____

_____

3. Die Ehe von Jettel und Walter:

Was erwartet Walter von Jettel, praktisch und emotional?

_____

_____

Was erwartet Jettel von Walter, praktisch und emotional?

_____

_____

In welchen Szenen drückt der Film die Sprachlosigkeit zwischen Walter und Jettel aus?

_____

_____

Was meint Walter mit dem Bild der „zwei Pakete"?

_____

_____

Welcher Satz von Walters Vater Max erweist sich im Rückblick als Prophezeihung?

_____

Wenn Sie Jettels zweite Schwangerschaft symbolisch betrachten, wofür könnte sie stehen?

_____

4. Regina und Owuor:

Wählen Sie mindestens fünf Adjektive aus, die auf Regina bzw. Owuor zutreffen:

> schüchtern - neugierig - ängstlich - mutig - freundlich - stolz - misstrauisch - tolerant - klug - kindisch - lebenserfahren - treu - aggressiv - einsam - zuverlässig - unzuverlässig - ausdrucksvoll - offen - verschlossen - langweilig - gefühlvoll - streng - aufmüpfig - gehorsam - ungehorsam - optimistisch - pessimistisch - anhänglich - ergeben - verständnisvoll - respektvoll - liebevoll - intuitiv - kreativ - intelligent - ausgeglichen - weise - fröhlich

Natürlich können Sie auch andere Adjektive aussuchen, die Ihrer Meinung nach passen.

- Regina: _____

- Owuor: _____

Wie verhält sich Regina zu den Eheproblemen ihrer Eltern? Ergreift sie Partei?

_____

_____

Erklären Sie, warum Owuor für Regina zur wichtigsten Bezugsperson in Afrika wird. Beachten Sie besonders die Szene, in der die beiden sich zum ersten Mal begegnen. Welche filmischen Mittel lassen sie als „magischen" Moment erscheinen?

_____

_____

Welche Rolle spielt Owuor für den Zusammenhalt der Familie?

_____

_____

5. Süßkind:

Beschreiben Sie Süßkind mit mindestens fünf Adjektiven Ihrer Wahl. Sie können auch die Adjektivlisten aus 1.1, 2 und 4 verwenden.

_____

Welche Rolle spielt Süßkind für Walter? Welche für Jettel?

_____

_____

Wie beurteilen Sie Süßkinds Verhalten bei Jettels Annäherungsversuch?

_____

_____

2. Weiterführende Fragen für die Diskussion:

a. Versuchen Sie sich in Walter hineinzuversetzen. Sind seine Vorwürfe an Jettel berechtigt?

b. Versuchen Sie sich in Jettel hineinzuversetzen. Haben Sie Verständnis für ihr Verhalten?

c. Versuchen Sie sich in Regina hineinzuversetzen. Was wäre an Reginas Stelle Ihr größter Wunsch: 1) in Rongai, 2) in Ol Joro Orok, 3) am Ende des Films?

d. Glauben Sie, Jettel wäre bei Walter geblieben, wenn Regina nicht gewesen wäre? Begründen Sie Ihre Ansicht.

e. Was halten Sie von Jettels Gedankenspiel, es hätte vielleicht eine „glücklichere Variante" ihres Lebens geben können, wenn sie bestimmte Entscheidungen anders getroffen hätte?

f. Welche Szene des Films finden Sie am traurigsten? Welche am besten? Am schönsten? Warum?

g. Welches ist die Bedeutung des Titels? Wenn Sie selbst dem Film einen Titel geben sollten: welchen würden Sie wählen?

3. Jetzt sind Sie dran!

a. Spielen Sie in Kleingruppen oder Paaren eine Szene Ihrer Wahl nach. Sie werden sehen: Sie brauchen sehr wenig Text, gute Pantomime genügt. Wenn Sie sprechen, dann bitte nur auf Deutsch! Spielen Sie Ihre Szene der Klasse vor. Lassen Sie die Klasse raten: Welche Personen und welche Szene stellen Sie dar?

b. Wie verstehen Sie die Szene, in der Walter Jettel befiehlt, sie solle ihre Bluse ausziehen und mit nacktem Oberkörper vor ihm hergehen? Was möchte Walter hier eigentlich von Jettel wissen? Wenn die beiden offen miteinander sprechen würden, was könnten sie sich sagen? Skizzieren Sie zu zweit in wenigen Sätzen diesen ehrlichen Dialog und spielen Sie ihn vor.

c. Stellen Sie sich vor, Jettel wäre auf Süßkinds Angebot eingegangen und hätte sich dafür entschieden, in Kenia zu bleiben. Nun möchte sie auch Regina dazu überreden. Schreiben Sie mit einem Partner oder einer Partnerin einen Dialog zwischen den beiden. Üben Sie mehrmals die Aussprache und Intonation. Spielen Sie die Szene der Klasse vor. Keine Angst vor Übertreibungen! Nehmen Sie diesen Dialog mit einem Partner oder einer Partnerin auf Video auf. Sehen Sie sich in der Klasse mehrere Versionen dieser Szene an.

d. Im Film wird nicht gezeigt, wie Regina sich von ihrem afrikanischen Freund Jogona verabschiedet. Schreiben Sie mit einem Partner oder einer Partnerin einen Abschiedsdialog. Versuchen Sie dabei, die unterschiedlichen Denkweisen der beiden zum Ausdruck zu bringen. Üben Sie mehrmals die Aussprache und Intonation.

4. Weiterführende Fragen für die schriftliche Hausaufgabe:

a. Wie beurteilen Sie die Darstellung Afrikas im Film? Entspricht sie Ihrem eigenen Bild?

b. Kennen Sie andere westliche Filme, die in Afrika spielen? Wenn ja, vergleichen Sie sie mit „Nirgendwo in Afrika".

c. Schreiben Sie einen Brief von Regina aus Deutschland an ihre Freundin Inge in Kenia.

d. Transkribieren Sie in zwei Gruppen den Dialog zwischen Walter und Süßkind im Schlafsaal des Internierungslagers bzw. den Dialog zwischen Walter und Jettel („Findest du mich noch attraktiv?" – „Ich vermisse sie alle so!"). Bringen Sie die Dialoge mit in die Klasse und interpretieren sie sie gemeinsam.

5. Themen für ein Referat oder eine schriftliche Hausarbeit:

a. Jüdische Emigration aus Deutschland ab 1938.
b. Die Nürnberger Prozesse.
c. Kenia heute – politische Lage und Bevölkerung.
d. Stefanie Zweig, „Nirgendwo in Afrika" (München 1995) – die Buchvorlage zum Film. Ein Vergleich.
e. Stefanie Zweig, „Irgendwo in Deutschland" (München 1996) – das Schicksal der Familie Redlich bei ihrer Rückkehr nach Deutschland.
f. Die Geschichte Schlesiens, der Heimat der Redlichs, im 20. Jahrhundert.
g. Die Dreharbeiten zu „Nirgendwo in Afrika". (Quelle: DVD-Zusatzmaterialien)

6. Internet:

a. Suchen Sie fünf deutsche Rezensionen des Films „Nirgendwo in Afrika". Schreiben Sie eine Liste mit mindestens je fünf positiven und negativen Kritikpunkten und vergleichen Sie Ihr Ergebnis mit dem Ihrer Klassenkameraden.
b. Finden Sie heraus, welche Preise (nicht nur in Deutschland) der Film gewonnen hat. Schreiben Sie selbst eine Rezension zu „Nirgendwo in Afrika". Begründen Sie darin, ob der Film die vielen Auszeichnungen verdient hat.
c. Was ist der Deutsche Filmpreis? Wann, wo, wie oft und von wem wird er vergeben?
d. Suchen Sie mindestens drei deutsche Renzensionen zu dem Buch „Nirgendwo in Afrika" von Stefanie Zweig und notieren Sie, wer sie geschrieben hat und wo sie erschienen sind.
e. Welche aktuellen Informationen können Sie über Stefanie Zweig herausfinden?
f. Informieren Sie sich über die drei Hauptdarsteller des Films, die Ihnen am besten gefallen haben. Notieren Sie Geburtsjahr, Ausbildung und mindestens drei Filme aus ihrer Filmografie.
g. Informieren Sie sich über die Regisseurin Caroline Link und ihre anderen Filme. Notieren Sie die wichtigsten Daten. Suchen Sie nach Interviews, in denen sie „Nirgendwo in Afrika" kommentiert, und stellen Sie für die Klasse die Aussagen zusammen, die Ihnen am wichtigsten erscheinen.
h. Kenia heute. Sie möchten eine Reise auf den Spuren der Redlichs unternehmen. Stellen Sie die Kosten für Reise, Unterkunft, Reiseleitung usw. zusammen und entwerfen Sie ein Gesamtbudget.

DANIEL BRÜHL
KATRIN SASS

GOOD BYE
LENIN!

EIN FILM VON
WOLFGANG BECKER

www.79qmDDR.de

8
Good Bye, Lenin!
(2003)

DER FILM:
Laufzeit: 117 Minuten
Drehbuch: Bernd Lichtenberg, Wolfgang Becker
Regie: Wolfgang Becker
Kamera: Martin Kukula
Darsteller / Darstellerinnen: Daniel Brühl (Alex Kerner), Katrin Sass
(Christiane Kerner), Chulpan Khamatova (Lara), Maria Simon (Ariane
Kerner), Florian Lukas (Denis), Alexander Beyer (Rainer), Michael
Gwisdek (Klapprath), Burghard Klaußner (Robert Kerner) u.a.

Handlung: Berlin-Ost 1989–1990. Kurz vor dem Fall der Mauer
erleidet die Mutter des 22-jährigen Alex, überzeugte Sozialistin, einen
Herzinfarkt und erwacht nach acht Monaten Koma in einem völlig veränderten Land. Da ihr Gesundheitszustand keinerlei Aufregung erlaubt,
beschließt Alex, für seine Mutter die untergegangene DDR weiterleben
zu lassen: auf 79 Quadratmetern Plattenbau mitten in Berlin. Er ahnt nicht,
welche Schwierigkeiten damit auf ihn und seine Schwester Ariane zu-
kommen ... So können die Zuschauer in der ständigen Gegenüberstel-
lung der aktuellen Realität „draußen" mit dem (künstlich rekonstruierten)
DDR-Alltag „drinnen" miterleben, wie sich alle Lebensbereiche durch
den Anschluss der sozialistischen DDR an die kapitalistische Bundesrepublik (BRD) drastisch verändern. Unter Alex' Regie wird die „DDR"
jedoch mehr und mehr zu dem Land, das er selbst und seine Mutter sich
eigentlich gewünscht hätten ...

Hintergrundinformationen: Nach Massenfluchten von DDR-
Bürgern in bundesdeutsche Konsulate in Ostblock-Ländern und großen
Demonstrationen im Land für Öffnung und Reformen kommt es am
9.11.1989, kurz nach dem 40. Jahrestag der DDR, zum Fall der Berliner
Mauer. In den Monaten danach finden die ersten demokratischen Wahlen
in der DDR statt, wird die DDR-Mark in bundesdeutsches Geld umge-
tauscht, und aus dem Staatsvertrag über eine Wirtschafts-, Währungs- und
Sozialunion vom 1.7.1990 wird ein Einigungsvertrag, mit dem am 3.10.1990
die DDR offiziell der Bundesrepublik Deutschland beitritt.

I. Vor dem Film

1. Zum Einstieg:

1. Was wissen Sie über die DDR? Warum und wie lange gab es sie? Vergleichen Sie zwei Deutschlandkarten vor und nach 1989 und machen Sie sich den genauen Verlauf der Grenze klar. Achten Sie besonders auf die Stadt Berlin!

2. Erinnern Sie sich persönlich an den Fall der Mauer und/oder haben Sie Bilder aus (Dokumentar-)Filmen über diesen Tag im Kopf? Wenn ja, was für Bilder sind das?

3. Können Sie sich vorstellen, wie das Leben in einem sozialistischen Staat aussieht?

4. Wenn Sie an Ihren eigenen Alltag in einem demokratischen marktwirtschaftlichen Staat denken, worauf glauben Sie nicht verzichten zu können?

5. Glauben Sie, dass man einem Menschen, den man liebt, unter allen Umständen immer die Wahrheit sagen sollte?

2. Wortschatz:

der Abgang	end, exit
abhauen	to take off
das All	cosmos
die Altstoffsammlung	collection of recyclable material
sich etwas antun	to take one's own life
den Bach runtergehen	to go downhill
die Bankvollmacht	power of attorney for an account
jemanden einbuchten	to lock somebody up
die Eingabe	petition
die Ellenbogenmentalität	pushy mentality
der Erzeuger	progenitor
die Frühschicht / die Spätschicht	early / late shift
der Gedächtnisverlust	loss of memory
gefährdet	at risk
gruselig	gruesome
der Herzinfarkt	heart attack
sich das Hirn wegvögeln lassen	to fuck one's brains out
jemanden kaltstellen / abservieren	to push somebody out
der Konsumterror	pressures of a consumer society
das Leck	leak
die Ohnmacht	fainting spell

der Schützenverein	shooting club
das Sparbuch	savings book
der Sperrmüll	disposable household items put on the street for collection
ein Studium schmeißen	to drop out of college / university
der Sturkopf	mule, stubborn person
das „hohe Tier"	big shot
etwas verheimlichen	to keep something secret
sich verplappern	to let something slip
sich verselbstständigen	*here:* to get out of hand
sich etwas vormachen	to fool or kid oneself
die Wiederbelebungsmaßnahme	attempt at resuscitation

Typisch DDR:

die „Aktuelle Kamera"	DDR-Nachrichtensendung
der Ausreiseantrag	offizieller Antrag, um aus der DDR ausreisen zu dürfen
die Datsche	kleines Wochenendhaus
der Genosse / die Genossin	Mitglied der SED
der / die Gruppenratsvorsitzende	Posten in der Hierarchie der Pioniere
der „Held der Arbeit"	sozialistische Auszeichnung
der Klassenfeind	Nicht-Sozialist
das Kollektiv	sozialistische Arbeitsform
das Kombinat	staatseigener Konzern
das „Mokka-Fix"	Instant-Kaffee
das Ostgeld / das Westgeld	DDR-Mark / D-Mark (DM)
der (Junge) Pionier	Mitglied in der DDR-Jugendorganisation
die Planerfüllung	Arbeit nach dem von Stalin eingeführten „5-Jahres-Plan"
der Plattenbau	DDR-typisches Mietshaus aus präfabrizierten Betonplatten
die POS	die Polytechnische Oberschule
die Republikflucht	unerlaubte Ausreise aus der DDR
rübermachen	(*slang*) in den Westen gehen
der Sandmann	Kinderfigur im DDR-Fernsehen
die SED	Sozialistische Einheitspartei Deutschlands
die Spreewaldgurke	saure Gurke aus dem Spreewald
der Staatsratsvorsitzende	höchstes Amt in der DDR
die Stasi, der Staatssicherheits-dienst, die Staatssicherheit	Geheimpolizei der DDR
der Trabant („Trabi")	häufigste Automarke der DDR

die „Tempo"-Bohnen	Bohnenkonserve
der VEB	der Volkseigene Betrieb
die Verwestlichung	die Anpassung an die westliche Lebensweise
der Westkontakt	Verbindung zu Personen außerhalb des Ostblocks
das Zentralkomitee	höchstes Gremium der SED

Typisch Wiedervereinigung:

abwickeln	einen Betrieb auflösen
das Begrüßungsgeld	100 DM, die die BRD jedem einreisenden DDR-Bürger übergab
gesamtdeutsch	die DDR und die BRD betreffend
der Ossi / der Wessi	(*slang*) Ostdeutscher / Westdeutscher
die Umtauschfrist	letzter Tag, um Ostgeld in D-Mark umzutauschen
die Wende	Umwälzungen in der DDR bis zur Wiedervereinigung

3. Wortschatzübungen:

A. Welches Wort passt nicht zu den anderen? Markieren Sie.

die Flucht - die Ausreise - die Auslandsreise - abhauen - der Fluch - sich absetzen

das Geständnis - das Geheimnis - die Täuschung - die Illusion - die Lüge - betrügen

die Aufregung - der Stress - der Aufwand - die Unruhe - die Erregung - die Emotion

die Grenze - der Zaun - der Weg - einsperren - der Käfig - kontrollieren - die Mauer

die Umwälzung - die Veränderung - die Auflösung - der Umbau - die Wand - die Wende

schlummern - der Schlaf - die Nacht - die Macht - die Ohnmacht - verschlafen

B. *Versuchen Sie folgende Vokabeln der beiden Listen „Typisch DDR" und „Typisch Wiedervereinigung" in Ihre Sprache zu übersetzen oder zu paraphrasieren:*

der Ausreiseantrag	die Republikflucht
die Datsche	rübermachen
der Genosse	der Westkontakt
der „Held der Arbeit"	das Begrüßungsgeld
der Klassenfeind	die Wende
der Plattenbau	

II. Während und/oder nach dem Film

1. Richtig oder falsch?

1. Alex' Mutter ist Grundschullehrerin.	R	F
2. Alex' Vater ist im Westen.	R	F
3. Ariane ist verheiratet.	R	F
4. Alex und Lara mieten eine Wohnung.	R	F
5. Alex und Ariane tauschen das Ostgeld in D-Mark um.	R	F
6. Alex kauft Spreewaldgurken.	R	F
7. Denis ist Nachrichtensprecher.	R	F
8. Alex' Vater ist Kunde bei Burger King.	R	F
9. Rainer kommt aus dem Westen.	R	F
10. Alex hat zwei Halbgeschwister.	R	F

2. Wählen Sie die richtige Antwort aus:

1. Alex' Vater ist _____.

    a. Lehrer
    b. Kosmonaut
    c. Arzt
    d. Schuldirektor

2. Alex ist _____.

    a. Student
    b. Fernsehtechniker
    c. Elektriker
    d. Physiker

3. Wo lernt Alex Lara kennen? _____.
          a. Im Gefängnis
          b. Auf einer Demonstration
          c. In der Klinik
          d. Im Park

4. Alex und Denis verkaufen _____.
          a. Konserven
          b. Möbel
          c. Motorräder
          d. Satellitenanlagen

5. Alex und Denis finden Geld _____.
          a. im Sperrmüll
          b. in der Mülltonne
          c. im Küchenschrank
          d. unter dem Bett

6. Wem gehört der blaue Trabant? _____.
          a. Alex
          b. Familie Kerner
          c. Denis
          d. Rainer

7. Sigmund Jähn ist _____.
          a. Taxifahrer
          b. Fußballspieler
          c. ein Nachbar der Kerners
          d. Astronaut

3. Beantworten Sie folgende Fragen:

A. Die DDR und der Westen:

1. An welche typischen Accessoires der DDR oder der Wiedervereinigung im Film können Sie sich erinnern? Denken Sie auch an die sozialistischen Symbole im Vorspann!

_____

2. Welche Produkte verschwinden nach dem Mauerfall aus dem Alltag der DDR?

_____

3. Woher beschafft Alex die Ost-Produkte und Accessoires, die er für seine Inszenierung braucht? Welchen Trick muss er für manche Produkte anwenden?

_____

4. Worin bestehen Alex' „erste kulturelle Entdeckungen in einem neuen Land"?

_____

5. Wie verändert sich die Wohnung der Kerners im Laufe des Films?

_____

6. Wie viel Miete kostet die Wohnung der Kerners? Wer bezahlt sie nach Christianes Herzinfarkt?

_____

7. Welche „West-Accessoires" tauchen im Laufe des Films auf, die Alex' Mutter irritieren?

_____

8. Welche Szene zeigt am drastischsten das Verschwinden des alten Systems?

_____

9. Welches Ereignis wird am 7.10.1989 gefeiert?

_____

10. Welche Rolle spielt die Fußball-Weltmeisterschaft?

_____

11. Im Film ist dreimal ein Feuerwerk zu sehen. Bei welchen Gelegenheiten?

_____

12. Welche drei Dinge bezeichnet Alex im letzten Drittel des Films als „gesamtdeutsch"?

_____

13. Welche Funktion übernimmt der Taxifahrer in der letzten Nachrichtensendung?

_____

B. Familie Kerner:

1. Wofür demonstriert Alex?

_____

2. Wodurch wird Christianes Herzinfarkt ausgelöst?

_____

3. Was wird im Film zum Verlauf von Christianes Karriere gesagt?

_____

4. Wie ändert sich Alex' Leben durch das Ende der DDR?

_____

5. Wo, wann und warum schreit Alex?

_____

6. Wie reagiert Ariane auf Alex' Plan? Hat sie einen Alternativvorschlag? Was wirft Alex ihr vor?

_____

7. Was sucht Ariane im Küchenschrank?

_____

8. Wann stirbt Christiane?

_____

C. Weitere Figuren:

1. Woher stammt Lara und was ist ihr Beruf?

_____

2. Wo findet Alex' und Laras erstes „romantisches Rendezvous" statt? Wohin gehen sie danach?

_____

3. Welche älteren Ostdeutschen werden im Film gezeigt? Reagieren sie positiv oder negativ auf die Veränderungen? Welches Problem hat Dr. Klapprath?

_____

4. Welche Westdeutschen werden im Film gezeigt?

_____

5. Wie verhalten sich Christianes ehemalige Schüler?

_____

6. Welche Rolle spielt Denis in der Dramaturgie des Films? Warum braucht Alex ihn für seine Pläne?

_____

4. (Halb-)Wahrheiten und (Not-)Lügen:

1. Wie schildert Alex seiner Mutter die Umstände ihres Infarktes? Ist diese Version glaubwürdig?

2. An welche Ausreden oder Notlügen von Alex können Sie sich erinnern?

3. Wie kommentiert Alex seinen Umgang mit der Realität?

4. Welche Haltung zur Wahrheit vertritt Lara?

5. In welcher Szene ist die Gefahr am größten, dass Alex' Inszenierung schief geht? Warum?

6. Welche Geheimnisse offenbart Christiane ihren Kindern im Garten der Datsche? Warum ist sie ihrem Mann nicht in den Westen gefolgt?

7. Wie reagieren Alex und Ariane auf das Geständnis ihrer Mutter?

8. Ist Alex' Inszenierung am Ende des Films erfolgreich? Warum kann man hier von einem Rollentausch sprechen?

5. Wer sagt im Film zu wem die folgenden Sätze?

Beispiel: „Mama, bitte komm zurück!"

           Alex zu Christiane

1. „Es wird sich nüscht (= nichts) ändern, wenn alle abhauen."

2. „Hat sich ja gar nichts verändert hier!"

3. „So weit haben die uns schon, dass wir im Müll rumfischen müssen!"

4. „Vater kommt heute aber spät nach Hause."

5. „War doch immer derselbe Quatsch."

6. „Das ist mir zu gruselig."

7. „Wir sind hier im sozialistischen Veteranenclub!"

8. „Euch Ossis kann man auch nichts recht machen!"

9. „Wo sollen die denn alle wohnen?"

10. „Das war der größte Fehler meines Lebens."

11. „Ich hab dich nicht mal erkannt!"

12. „Du musst dich nur einmal überwinden, dann ist es ganz einfach!"

III. Nach dem Film

1. Die Figuren und ihre Beziehungen:

A. Die Charaktere:

1. Alex:

Unterstreichen Sie mindestens fünf Adjektive, die auf ihn zutreffen:

> ironisch - passiv - aktiv - mutig - gelangweilt - zufrieden - besorgt -
> einfallsreich - eifrig - ehrgeizig - interessiert - freundlich - sozial -
> unverschämt - kritisch - effizient - verliebt - streitsüchtig - emotional -
> verträumt - nostalgisch - begeistert - aggressiv - eifersüchtig - fröhlich -
> verantwortungsvoll - egoistisch - altruistisch

Natürlich können Sie auch andere Adjektive aussuchen, die Ihrer Meinung nach passen.

_____

Welche prominente Person ist Alex' Kindheitsidol? Was könnte der Grund dafür sein?

_____

Was ist für Alex in seinem Leben am wichtigsten?

_____

Ist Alex ein politischer Mensch?

_____

2. Christiane:

Unterstreichen Sie mindestens fünf Adjektive, die auf sie zutreffen:

> beliebt - autoritär - idealistisch - wehleidig - erschöpft - verständnisvoll -
> streitlustig - hilfsbereit - fröhlich - misstrauisch - eifrig - aufgeregt -
> selbstbewusst - unermüdlich - kreativ - mütterlich - ehrlich - geduldig -
> passiv - einsam - witzig - konsequent - solidarisch - hilflos - hinterhältig -
> kritisch - humorvoll - human - streng - angepasst - zupackend -
> begeistert - tapfer - pflichtbewusst

Natürlich können Sie auch andere Adjektive aussuchen, die Ihrer Meinung nach passen.

Wie reagiert Christiane auf die Republikflucht ihres Mannes? Wie verändert sie sich danach?

Welche Szenen zeigen ihr Engagement für den Sozialismus?

Ist Christiane mit der DDR voll und ganz zufrieden? Wie engagiert sie sich für ihre Mitmenschen?

Wie verhält sich Christiane als Kranke? Was sagt ihr Verhalten über ihren Charakter aus?

---

3. Ariane:

Unterstreichen Sie mindestens fünf Adjektive, die auf sie zutreffen:

> materialistisch - strebsam - gelassen - stolz - pragmatisch - mütterlich - entschlossen - faul - lebenslustig - intelligent - konsumorientiert - streitlustig - ruhig - verschlossen - emotional - unversöhnlich - flexibel - freundlich - kontaktfreudig - phlegmatisch - willensstark - offen - verantwortungsbewusst - skeptisch

Natürlich können Sie auch andere Adjektive aussuchen, die Ihrer Meinung nach passen.

Welches sind Arianes wichtigste Bedürfnisse?

Welche Zukunftspläne hat Ariane?

---

4. Alle Figuren:

Welche Figuren im Film sind Ihnen am sympathischsten? Welche am unsympathischsten? Warum?

_____

Welche Figuren sind besonders komisch oder besonders tragisch? Warum?

_____

B. Die Beziehungen:

1. Alex und seine Familie:

Beschreiben Sie die Beziehung zwischen Alex und ...

• Christiane: _____

• Ariane: _____

Wie reagiert Alex auf Arianes Schwangerschaft und ihren Plan, aus der gemeinsamen Wohnung auszuziehen? Was ist der Grund für seine Reaktion?

_____

2. Alex und Lara:

Was haben Lara und Alex gemeinsam?

_____

In welchen Szenen gelingt es Lara, Alex aufzumuntern?

_____

In welchen Szenen streiten die beiden? Worum?

_____

Wann ergreift Lara selbst die Initiative, um ihre Meinung durchzusetzen?

_____

3. Robert Kerner:

Warum hat Robert die DDR verlassen? Wie wird Robert dargestellt?

• in Arianes Bericht nach der Begegnung im Burger King?

_____

• in Alex' Fantasie?

_____

• in Wirklichkeit?

_____

Charakterisieren Sie jeweils das Wiedersehen von Alex und Ariane mit ihrem Vater.

_____

4. Alex und Denis:

Beschreiben Sie das Verhältnis zwischen Alex und Denis:

_____

Warum spielt Denis Alex' Spiel mit?

_____

2. Koma und Erwachen:

a. Wer ist anwesend, als Christiane erwacht? Was passiert gerade?
b. Warum will Alex Christiane unbedingt nach Hause holen?
c. Verändert sich Alex nach dem Erwachen seiner Mutter? Inwiefern?
d. Welche symbolische Bedeutung könnte das Koma haben?

3. 79 qm DDR:

a. Welche Ereignisse „verschläft" Christiane?
b. Charakterisieren Sie die von Alex „geschaffene" DDR. Was ist anders als in der wirklichen DDR? Was wird am Westen kritisiert?

c. Woran können Sie den Stress erkennen, den seine Aufgabe für Alex bedeutet?

d. Christiane verlässt zum ersten Mal das Haus. Was sieht sie? Schreiben Sie auf, woran Sie sich erinnern.

e. Welche Fakten und Ereignisse interpretieren Alex und Denis in Form gefälschter Nachrichten?

f. Vergleichen Sie die DDR-Nachrichten mit Nachrichtensendungen, die Sie kennen. Was ist anders?

4. Einsatz filmischer Mittel:

a. Welche Szenen sind Dokumentaraufnahmen? Welche Funktion haben sie?

b. Warum, glauben Sie, gibt es in einigen Szenen einen Off-Kommentar (Voice-over)? Was ist der Vorteil dieser Technik?

c. Welche Szenen werden im Super-8-Format gezeigt? Welchen Effekt hat das?

d. Beschreiben Sie die Kameratechnik in der Demonstrationsszene. Was zeigt diese Szene in Bezug auf den ganzen Film?

e. Welche Funktion haben die Postkartenansichten zu Beginn des Films?

f. Mit welchen filmischen Mitteln wird die Schnelligkeit der neuen Zeit dargestellt?

g. Welche filmischen Mittel werden in der am Computer hergestellten „Lenin-Szene" eingesetzt und welchen Effekt haben sie?

5. Weiterführende Fragen für die Diskussion:

a. Sehen Sie den Film eher als Komödie oder als Tragödie? Welche Gefühle löst er bei Ihnen aus?

b. Wie finden Sie Alex' Ideen? Was hätten Sie an Alex' Stelle Ihrer Mutter erzählt?

c. Wie beurteilen Sie Roberts Verhalten? Was hätten Sie an seiner Stelle getan?

d. Wie beurteilen Sie Christianes Verhalten seit der Flucht ihres Mannes? Was hätten Sie an ihrer Stelle getan?

e. Können Alex und Ariane ihrem Vater verzeihen? Begründen Sie Ihre Antwort.

f. Wie beurteilen Sie das Ende des Films? Was, meinen Sie, hat Lara Christiane im Krankenhaus erzählt?

g. Wie hätte Christiane weitergelebt, wenn sie nicht an ihrem zweiten Infarkt gestorben wäre? Warum lässt das Drehbuch sie sterben?

h. Wie könnte die weitere Zukunft von Alex, Ariane und Robert aussehen?

i. Was sagt der Film über den Wahrheitsgehalt von Nachrichtensendungen aus?

j. Was sagt der Film über Geschichte aus? Lässt sie sich manipulieren?

k. Was könnte mit dem Begriff „Ostalgie" gemeint sein? Aus welchen beiden Worten besteht er? Diskutieren Sie Alex' Entwurf einer „anderen" DDR.

l. Interpretieren Sie folgende Zitate oder Kommentare aus Alex' Voice-over und finden Sie heraus, welche davon ironisch gemeint sind:

„Meine Mutter war von da an mit dem sozialistischen Vaterland verheiratet."

„Ein überdimensionaler Schützenverein gab seine letzte Vorstellung."

„Wir demonstrierten für grenzenloses Spazierengehen."

„Es begann eine gigantische und einzigartige Altstoffsammlung."

„Der Wind der Veränderung blies in die Ruinen der Republik."

„Berlin war der Mittelpunkt der Welt."

„Wir lösen Probleme im Vorwärtsschreiten."

„Ein kleiner runder Ball vereinte die gesellschaftliche Entwicklung der geteilten Nation und ließ zusammenwachsen, was zusammengehört."

„Ein frischer Westwind blies mir Mutters Ostgeld um die Ohren."

„Ich fühlte mich wie der Kommandant eines leckgeschlagenen U-Boots."

6. Jetzt sind Sie dran!

a. Spielen Sie in Kleingruppen oder Paaren eine Szene Ihrer Wahl nach. Sie werden sehen: Sie brauchen sehr wenig Text, gute Pantomime genügt. Wenn Sie sprechen, dann bitte nur auf Deutsch! Spielen Sie Ihre Szene der Klasse vor. Lassen Sie die Klasse raten: Welche Personen und welche Szene stellen Sie dar?

b. Schreiben Sie mit einem Partner oder einer Partnerin einen Dialog zwischen Christiane und Robert am Krankenbett. Üben Sie mehrmals die Aussprache und Intonation und spielen Sie ihn dann der Klasse vor. Keine Angst vor Übertreibungen!

c. Schreiben Sie mit einem Partner oder einer Partnerin ein Streitgespräch zwischen Ariane und Rainer. Versuchen Sie dabei, die unterschiedliche Herkunft (Ost / West) der beiden zum Ausdruck zu bringen. Spielen Sie die Szene der Klasse vor oder nehmen Sie sie auf Video auf.

7. Weiterführende Fragen für die schriftliche Hausaufgabe:

a. Schreiben Sie einen Brief von Robert aus Westdeutschland an seine Familie.

b. Stellen Sie aus Alex' Off-Kommentaren einen fortlaufenden Text zusammen. Was würde sich an der Wirkung des Films ändern, wenn diese Kommentare fehlen würden?

c. Stellen Sie sich vor, Sie seien Alex heute. Ihr 1991 geborenes Kind befragt Sie über seine Großeltern und das Leben in der DDR. Schreiben Sie auf, was Alex seinem Kind erzählt.

d. Welche Probleme bringt die deutsche Wiedervereinigung nach 40 Jahren mit sich? Was meint wohl der Begriff „die Mauer in den Köpfen"? Der Sozialdemokrat Willy Brandt sagte 1989 in Berlin: „Jetzt muss zusammenwachsen, was zusammengehört!" Was meinte er wohl damit? Ist dieser Prozess Ihrer Meinung nach abgeschlossen?

e. Welche Rolle spielen die Leitmotive der Spreewaldgurke und des Weltraums? Schreiben Sie je eine Liste der Szenen und Kommentare, in denen die Motive auftauchen, und interpretieren Sie diese.

8. Themen für ein Referat oder eine schriftliche Hausarbeit:

a. Geschichte der Berliner Mauer von 1961 bis 1990.

b. Geschichte der deutschen Wiedervereinigung. Erstellen Sie eine Zeittafel, die mit der 40-Jahr-Feier beginnt, präsentieren Sie die Hauptakteure und beschreiben Sie die wichtigsten Ereignisse.

c. Glasnost und Perestroika – die Rolle Michail Gorbatschows für das Ende des Kalten Krieges.

d. Die Bürgerrechtler der DDR – ihre Ziele und deren Verwirklichung.

e. Die jüngste deutsch-deutsche Geschichte – der Prozess des „Zusammenwachsens" und seine Folgen für die Gesellschaft der Bundesrepublik Deutschland.

f. Wer war Erich Honecker und wie lange spielte er in der DDR eine Rolle? Wie und wo starb er?

g. Inter-Kosmodus – Eine Zusammenstellung der wichtigsten Zusatzinformationen auf der DVD „Good Bye, Lenin!".

9. Internet:

a. Suchen Sie fünf deutsche Rezensionen des Films „Good Bye, Lenin!". Schreiben Sie eine Liste mit mindestens je fünf positiven und negativen Kritikpunkten und vergleichen Sie Ihr Ergebnis mit dem Rest der Klasse.

b. Finden Sie heraus, welche Preise (nicht nur in Deutschland) der Film gewonnen hat. Schreiben Sie selbst eine Rezension zu „Good Bye, Lenin!". Begründen Sie darin, ob der Film die vielen Preise verdient hat.

c. Welche Schauspieler des Films stammen aus dem Osten, welche aus dem Westen?

d. Suchen Sie Bilder vom Berliner Alexanderplatz 1989 und heute und bringen Sie sie mit in die Klasse.

e. Erweitern Sie die Vokabelliste „Typisch DDR" um zehn Ost-Produkte.

f. Suchen Sie zwei englischsprachige und zwei deutsche Zeitungsartikel, die den Fall der Mauer und/oder die Wiedervereinigung dokumentieren, und vergleichen Sie sie gemeinsam in der Klasse.

g. Suchen Sie das mehrmals im Film gesungene Lied „Unsere Heimat" (Anfangszeile: „Unsere Heimat, das sind nicht nur die Städte und Dörfer") und bringen Sie es mit in die Klasse. Wie wirkt es auf Sie? Versuchen Sie (eventuell gemeinsam) eine Übersetzung.

Zuletzt

I. Zusammenfassung:

Sie haben in diesem Buch eine Reihe neuer deutscher Filme kennen gelernt.

1. Erinnern Sie sich?

1. Welche Schauspieler kommen in mehreren Filmen vor?
2. Welche drei Filme befassen sich mit dem Dritten Reich?
3. Welche Filme spielen in Berlin? An welche Schauplätze außer Berlin erinnern Sie sich?
4. Welche beiden Filme spielen in Teilen vor der Wiedervereinigung? Welcher im Westen? Welcher im Osten?
5. Welche Filme spielen nicht nur in Deutschland?
6. Welcher der behandelten Filme hat einen Oscar gewonnen?
7. In welchen Filmen werden neben Deutsch auch andere Sprachen gesprochen?
8. Ordnen Sie sämtliche Filme, die Sie gesehen haben, in folgende Kategorien ein. (Nicht alle sind vertreten, Mehrfachnennungen ausdrücklich erwünscht!)

   Beziehungsfilm - Liebesfilm - Komödie - Gesellschaftsfilm - Avantgarde - Film mit Musikthema - Historischer Film - Roadmovie - Coming-of-age-Geschichte - Biographischer Film - Drama - Familienfilm - Großstadtfilm - Literaturverfilmung - Modernes Märchen - Sozialfilm - Politikfilm - Sportfilm

9. Spielen Sie in Kleingruppen oder Paaren eine Szene eines Filmes Ihrer Wahl nach. Sie werden sehen: Sie brauchen sehr wenig Text, gute Pantomime genügt. Wenn Sie sprechen, dann bitte nur auf Deutsch! Spielen Sie Ihre Szene der Klasse vor. Lassen Sie die Klasse raten: Welchen Film, welche Personen und welche Szene stellen Sie dar?

2. Diskutieren Sie in der Klasse:

1. Welcher Film hat Ihnen am besten gefallen und warum?
2. Welcher Film hat Ihnen am wenigsten gefallen und warum?
3. Welchen Film würden Sie jemandem, der Deutschland überhaupt nicht kennt, als ersten deutschen Film empfehlen? Begründen Sie Ihre Entscheidung.
4. Hat sich Ihr Deutschlandbild durch diese Filme verändert? Inwiefern?
5. Empfinden Sie Deutschland als fremder oder vertrauter, nachdem Sie diese Filme gesehen haben? Erscheint es Ihnen sehr anders als Ihr eigenes Land? Was ist anders? Was ist ähnlich oder genauso?
6. Das Dritte Reich, der Holocaust, der Zweite Weltkrieg – deutsche Traumata. Haben Sie den Eindruck, dass dieses Buch tendenziell zu viel / zu wenig / in ausgeglichener Weise auf diese Themen eingeht? Können / Dürfen die Deutschen jemals vergessen, was im düstersten Kapitel ihrer Geschichte geschehen ist?
7. Haben Sie Lust bekommen, weitere deutsche Filme zu sehen? Welche Regisseure würden Sie bevorzugen? Welche Schauspieler haben Ihnen am besten gefallen?

3. Ausblick:

1. Welche Schauspieler, die Sie in diesen Filmen gesehen haben, haben auch in internationalen Filmen mitgewirkt? Informieren Sie sich.
2. Berlin im Brennpunkt der Geschichte. Vergleichen Sie das Berlin der späten 90er Jahre in „Lola rennt" mit dem Berlin der 80er Jahre bzw. der Jahrtausendwende in „Was tun, wenn's brennt?" und mit dem Berlin der 20er und 30er Jahre, wie es in „Aimée und Jaguar" bzw. in „Comedian Harmonists" dargestellt wird. Erkennen Sie gemeinsame Elemente? Welches sind die wichtigsten Wahrzeichen der Stadt Berlin, die heute noch zu sehen sind? Was unterscheidet das Berlin der drei verschiedenen Epochen am eindeutigsten? Skizzieren Sie kurz die Geschichte der Stadt Berlin und gehen Sie vor allem auf folgende Punkte ein: Wann wurde erstmals ein „Deutsches Reich" gegründet? Wann genau war Berlin die Hauptstadt Deutschlands? Wie lange war Deutschland geteilt? Was unterschied die Deutsche Demokratische Republik und die Bundesrepublik Deutschland voneinander? Seit wann ist Berlin die Hauptstadt der wiedervereinigten Bundesrepublik?
3. Die Sonderrolle Deutschlands in Europa nach 1945. Informieren Sie sich über die Besetzung Deutschlands nach dem Zweiten Weltkrieg, das Verhältnis Deutschlands zu seinen europäischen Nachbarn vor und nach der Wiedervereinigung und die Entstehung und Erweiterung der Europäischen Union.

4. Die Bundesrepublik Deutschland als Einwanderungsland. Informieren Sie sich über den Bevölkerungsanteil und die Rechte und Pflichten der ausländischen Bürger. Aus welchen Staaten stammen die Eingewanderten in erster Linie? Mit welchen Problemen haben Ausländer in Deutschland zu kämpfen?

II. Film in Deutschland nach 1945

1. Der deutsche Nachkriegsfilm:

Nach dem Zweiten Weltkrieg teilen die Siegermächte Deutschland in vier Besatzungszonen auf. Der beginnende Kalte Krieg und die schlechte wirtschaftliche Lage zwingen bald zur Zusammenarbeit in den drei westlichen Besatzungszonen. Briten und Amerikaner vereinigen ihre Besatzungszonen am 1. Januar 1947 zur Bizone. Durch den Beitritt Frankreichs entsteht im April 1949 die Trizone. Die Alliierten kontrollieren somit die Abwicklung der Nazi-Filmindustrie und den Aufbau neuer Produktionsstrukturen. Deshalb sind schon vor der Teilung Deutschlands in zwei Staaten im Jahre 1949 unterschiedliche Entwicklungstendenzen des Filmschaffens in den Westsektoren bzw. dem Ostsektor sichtbar.

Ost: 1946 wird im ältesten Großatelier-Filmstudio der Welt in Berlin-Babelsberg die „Deutsche Film AG" (DEFA) gegründet, die das deutsche Kino im Geiste des demokratischen Antifaschismus für eine zukünftige sozialistische Gesellschaft neu gestalten soll. Die DEFA, ab 1953 parteiabhängiges Staatsunternehmen der DDR, produziert den ersten „Trümmerfilm" zur moralischen Wiederaufrüstung, „Die Mörder sind unter uns" [1946] von Wolfgang Staudte.

West: Hier werden unter Aufsicht der Amerikaner die „Neue Deutsche Filmgesellschaft" (NDF) und die Münchner „Bavaria Studios" gegründet und neben der Vorführung alter Hollywood-, Heimat- und UFA-Filme (Universum Film AG, deutsche Filmgesellschaft 1917–1945) ebenfalls unpolitische „Trümmerfilme" über traumatisierte Kriegsheimkehrer produziert, die den hoffnungsvollen Neuanfangs-Mythos der Stunde Null in den düsteren Ruinen der deutschen Städte zum Thema haben, z.B. „Und über uns der Himmel" [1948]. Man versucht, die Vergangenheit zu bewältigen, indem man sich auf individuelle moralische Werte („das Gute im Menschen") bezieht, Geschichte als Schicksal und den Einzelnen als deren Opfer darstellt.

2. Die 50er Jahre:

Ost: Hier übernimmt der von der Sozialistischen Einheitspartei Deutschlands (SED) kontrollierte DEFA-Film nun eine staatstragende Rolle beim Aufbau der antifaschistischen, sozialistischen Gesellschaft („Aufbau- und Chronikfilme" z.B. von Konrad Wolf, Slatan Dudow („Unser täglich Brot" [1949]), und Kurt Maetzig („Ernst-Thälmann-Filme" [1955/57]) und ist deshalb stark politisiert: von marxistischer Ideologie geprägte, didaktische Geschichten aus der Arbeiterklasse mit heroisierten Idealfiguren dürfen nicht zeigen, was ist, sondern was sein soll. Nach dem Tod Stalins 1953 erhalten die Filmschaffenden vorübergehend eine gewisse Freiheit („Neuer Kurs"), so dass neorealistische „Gegenwartsfilme" auch über Jugendkultur möglich werden (z.B. „Berlin - Ecke Schönhauser" [1957] von Gerhard Klein und Wolfgang Kohlhaase); zum Ende der 50er Jahre jedoch wird der „sozialistische Realismus" erneut Pflicht. Populärer als die DDR-Produktionen sind allerdings ausländische und westdeutsche Unterhaltungsfilme; auch Schauspieler aus Westdeutschland werden importiert.

West: In der Zeit des Wirtschaftswunders unter Bundeskanzler Konrad Adenauer (CDU) dominieren wirtschaftlicher Aktivismus, Materialismus / Konsum und konservativ-antikommunistische Wertvorstellungen und Tendenzen. Das Filmpublikum wünscht harmlose Unterhaltung statt „anstrengender" politischer Reflexion über Krieg und Holocaust, und ein positives, zukunftsoptimistisches Bild deutscher Identität statt „deprimierender" Trümmer- und Antikriegsfilme, die belastende Erinnerungen wecken. Deshalb werden Geschichten, Autoren, Regisseure und UFA-Filmstars (Grethe Weiser, Theo Lingen, Hans Moser, Hans Albers, Zarah Leander u.a.) aus der ersten Blütezeit des deutschen Kinos zwischen den Weltkriegen wieder populär und stehen, wie auch die Wiederbelebung der „guten alten" wilhelminischen Zeit, für den Wunsch nach geschichtlicher Kontinuität, z.B. „Der Hauptmann von Köpenick" [1956] mit Heinz Rühmann. Neben Literaturverfilmungen (z.B. Kurt Hoffmanns „Bekenntnisse des Hochstaplers Felix Krull" [1957] nach Thomas Mann) entstehen sehr erfolgreiche klassisch-monarchistische Operettenfilme (z.B. die „Sissi-Trilogie" [1955–57] mit Romy Schneider), moralisierende Arztfilme mit O. W. Fischer, „Wirtschaftswunderfilme" mit starken Frauen (Maria Schell, Hildegard Knef), Heimat-, Gesellschafts- und Ferienfilme (z.B. „Ich denke oft an Piroschka" [1955]) mit Lilo Pulver, Sonja Ziemann, Rudolf Prack, Curd Jürgens, Lilli Palmer u.a., sowie

Kleinbürgerkomödien (Heinz Erhardt) und „Musikfilme" mit Peter Alexander, Conny Froboess usw. Die zahlreichen Hollywood-Importe sind Vorbild z.B. für „Die Halbstarken" [1956] mit Horst Buchholz, dem „deutschen James Dean". In unpolitischen, didaktischen „Zeitfilmen" werden zwar soziale Probleme aus individueller Perspektive und die Spannungen der vaterlosen Nachkriegsgesellschaft thematisiert, jedoch nur um die traditionelle Moral zu bestätigen, die allerdings durch Filmskandale wie um „Das Mädchen Rosemarie" [1958] als Doppelmoral entlarvt wird. Als Kontrast zu revisionistischen Kriegsdramen erlangt Bernhard Wickis Antikriegsfilm „Die Brücke" [1959] internationalen Erfolg.

Durch das Aufkommen des Fernsehens – die erste öffentlich-rechtliche Fernsehanstalt Allgemeine Rundfunkanstalt Deutschlands (ARD) wird 1954 gegründet – gehen die Zuschauerzahlen des Kinos stark zurück; dieses ist fortan auf Subventionen angewiesen, die zum Teil auch zensierend wirken. Der westdeutsche Film ist zudem künstlerisch wenig anspruchsvoll und, anders als das zeitgenössische Kino aus Frankreich oder Italien, nicht exportgeeignet. Neu entstehende Filmclubs, Programmkinos, Festivals und Arbeiten der Filmkritik versuchen jedoch, der ästhetisch-qualitativen Krise des Kinos entgegenzuwirken.

3. Die 60er Jahre:

Der Bau der Berliner Mauer 1961 vollendet nicht nur die Teilung Deutschlands in zwei konkurrierende politische Systeme, sondern auch die Aufspaltung des deutschen Nachkriegskinos in zwei verschiedene Kinokulturen. Diese bauen zwar auf einer gemeinsamen Filmtradition auf, entwickeln sich aber im Rahmen der freien Markwirtschaft bzw. der sozialistischen Planwirtschaft mit den zugehörigen Ideologien sehr unterschiedlich.

Ost: Die DEFA-Filmemacher arbeiten ab 1962 unter sehr guten Bedingungen, da der Film als Massenmedium einen entscheidenden Beitrag zur kulturellen Identität der DDR leisten soll; dabei bewegen sie sich allerdings stets in einem Spannungsfeld zwischen offizieller Parteidoktrin und Subversion, zwischen staatlicher und Selbstzensur. Da dieses Kino aber immer weniger Einfluss auf das jugendliche Massenpublikum hat, haben die Filmschaffenden zunehmend die Freiheit, sich nicht nur an zeitgenössischen Strömungen anderer sozialistischer Länder, sondern auch an westeuropäischen Filmen des Neorealismus (Italien), der „nouvelle vague"

(Frankreich) und des „Free Cinema" (England) zu orientieren und systemkritische Elemente aufzunehmen (z.B. „Die besten Jahre" [1965] von Günther Rücker). Formal wurde das Dogma des „sozialistischen Realismus" durch modernistische Innovationen aufgelockert. Die wichtigsten Beiträge zur DEFA-Filmgeschichte aus dieser Zeit sind Literaturverfilmungen (z.B. von Werken von Ulrich Plenzdorf, Christa Wolf, Günter Kunert) sowie antifaschistische Filme, z.B. Gerhard Kleins „Der Fall Gleiwitz" [1961] und „Nackt unter Wölfen" [1963] von Frank Beyer nach Bruno Apitz.

Das 11. Plenum des Zentralkomitees der SED 1965 beendet diese Freiheiten, indem es eine ganze Jahresproduktion so genannter „Regalfilme" verbietet und die Filmemacher zwingt, sich auf systemkonforme, unkritische Unterhaltungsfilme oder politische Prestigeproduktionen zu beschränken.

West: Mit dem „Oberhausener Manifest" leiten Regisseure wie Edgar Reitz und Alexander Kluge 1962 eine programmatische Erneuerung des in die Krise geratenen westdeutschen Films ein. Der „Junge deutsche Film" soll als gleichberechtigte Kunstform anerkannt und stärker als bisher vom Staat subventioniert werden; eine radikale und unkonventionelle Ästhetik, beeinflusst von Techniken der historischen Avantgarde, des „Epischen Theaters" von Bertolt Brecht, der „nouvelle vague" und des „film noir" soll das Programm einer politischen Modernisierung und eine neue Diskussion der deutschen Identität begleiten. Der Film wird als Mittel kritischer, zum Teil rebellischer Gesellschaftsanalyse gesehen (z.B. „Abschied von gestern" [1966] von Alexander Kluge), seine Themen sind vor allem Generationenkonflikt, Geschlechterkampf und Vergangenheitsbewältigung („Geschichte und Geschichten"). Literaturverfilmungen (z.B. von Autoren wie Heinrich Böll: „Das Brot der frühen Jahre" [1962] und Günter Grass: „Katz und Maus" [1967]) tragen zur Politisierung des deutschen Kunstfilms im Kontrast zur herrschenden Kultur des ökonomischen Liberalismus und sozialen Konservatismus bei.

Der „Junge deutsche Film" erreicht jedoch nur eine Minderheit des Publikums: die große Masse vor allem jugendlicher Zuschauer setzt auf Unterhaltung quer durch die Genres, vom Schlagerfilm (mit Freddy Quinn, Udo Jürgens) über Schulkomödie und Softporno bis zu Krimis (berühmt sind z.B. die „Pater-Brown"-Filme mit Heinz Rühmann und die „Mabuse"-Serie), Abenteuer- und Urlaubskomödien und Verfilmungen von Unterhaltungsliteratur (z.B. Johannes Mario Simmel, Karl May).

4. Die 70er Jahre:

Ost: In der DDR setzt sich der Balanceakt der Filmemacher zwischen Kritik und Anpassung fort. Mit Honecker als neuem Parteivorsitzenden und dem 8. Parteitag der SED, auf dem die DDR zur voll entwickelten sozialistischen Gesellschaft frei von künstlerischen Tabus erklärt wird, ensteht wieder Raum für Veränderung. Statt des Kollektivs mit positivem Helden stehen nun in „Alltagsfilmen" individuelle Geschichten, Träume und Überlebensstrategien im Vordergrund: die Balance zwischen Liebe, Ehe, Familie und Arbeitswelt im engen Rahmen einer konformistischen Gesellschaft, z.B. „Die Legende von Paul und Paula" [1973] nach Ulrich Plenzdorf. Weitere Filmtypen beschäftigen sich mit Republikflucht („Die Flucht" [1977]), mit Frauenproblemen („Der Dritte" [1972]) und immer wieder dem Widerstand in der Nazizeit („KLK an PTX – Die Rote Kapelle" [1971]) sowie der Problematik deutscher Identität und Kollektivschuld („Der Aufenthalt" [1983] nach Hermann Kant). Verfilmungen klassischer Literatur (Fontane, Goethe) sollen der Stabilisierung der Werte von Aufklärung, Freiheit und Gleichheit dienen.

Mit der Zwangsausbürgerung des Liedermachers Wolf Biermann 1976 verlassen auch einige bekannte DEFA-Schauspieler aus Solidarität die DDR, wie etwa Eva Maria Hagen, Armin Mueller-Stahl, Angelika Domröse und Jutta Hoffmann.

West: Die Bundesrepublik unter Bundeskanzler Brandt (SPD) demonstriert in der „Bleiernen Zeit" staatliche Macht gegen erstarkenden Linksradikalismus; aus der Studentenbewegung von 1968 hervorgegangene alternative Bewegungen mit mehr oder weniger politischem Anspruch bilden eine heterogene Gegenkultur.

Auch die zweite Generation von Regisseuren nach dem „Oberhausener Manifest" ist von der Notwendigkeit gesellschaftlicher Veränderung überzeugt und setzt sich kritisch mit der neuen politischen Klasse auseinander. Der „Neue deutsche Film" definiert sich als „Autorenfilm", für den vor allem die drei Filmemacher Rainer Werner Fassbinder, Werner Herzog und Wim Wenders, Schauspieler wie Hanna Schygulla, Klaus Kinski und Rüdiger Vogler und Kameraleute wie Michael Ballhaus, Xaver Schwarzenberger und Thomas Mauch stehen.

Die Themen von Fassbinders provokanten Einblicken in die Nachkriegsgesellschaft (z.B. „Die bitteren Tränen der Petra von Kant" [1972], „Die Ehe der Maria Braun" [1979]) sind der Kampf von Außenseitern gegen gesellschaftliche Strukturen und die Suche nach Liebe, Glück und dem eigenen Selbst in einer machtbesessenen Welt. Herzog (z.B. „Nosferatu, Phantom der Nacht" [1978]) kritisiert den modernen Rationalismus durch antirealistische Elemente wie Mythos, Schicksal und Traum, kombiniert mit dem Motiv der Reise / Suche, das sich auch in Wenders' frühen Filmen (z.B. „Summer in the City" [1971], „Alice in den Städten" [1978]) findet. Dessen offene Selbstfindungs-Episoden kombinieren Probleme der modernen Mann-Frau-Beziehungen mit dem Thema des Geschichtenerzählens und der Wahrnehmung und zeigen das ambivalente Verhältnis des Regisseurs (der auch in den USA arbeitet) zur amerikanischen Unterhaltungskultur.

Weitere Vertreter des „Neuen deutschen Films" sind der für seine Literaturverfilmungen („Die Blechtrommel" [1979]) bekannte Volker Schlöndorff, sowie die Regisseurinnen politischer „Frauenfilme" Helke Sander, Helma Sanders-Brahms („Deutschland, bleiche Mutter" [1979]) und Margarethe von Trotta („Rosa Luxemburg" [1980], „Die bleierne Zeit" [1981]).

Ende der 70er Jahre entstehen im Zuge der politischen Krise in Deutschland („Deutscher Herbst", Linksterrorismus der „Rote-Armee-Fraktion" RAF) zahlreiche aktuell-politische Filme (z.B. der Episodenfilm „Deutschland im Herbst" [1978]), eine Tendenz, die sich in den 80ern etwa mit „Stammheim" [1986] fortsetzt.

Der „Neue deutsche Film" wird im Ausland positiv als interessante ästhetische Alternative zu Hollywood aufgenommen, während er in Deutschland selbst als anstrengendes, „autistisches Problemkino" (Doris Dörrie) gilt und ein eher geringes Publikum findet (Hollywood hält einen Marktanteil von 80 Prozent). Jedoch macht die „neue Subjektivität" den folgenden Generationen deutscher Regisseure den Weg zu authentischeren, von der Nazizeit unbelasteteren deutschen Geschichten frei. Außerdem ist es dem Engagement der Filmemacher des „Neuen deutschen Films" zu verdanken, dass der Kunstfilm in Archiven, Festivals, Stiftungen und wissenschaftlichen Publikationen einen immer größeren Raum im westdeutschen Kulturbetrieb einnimmt.

5. 1980–1989

Ost: Während in der Sowjetunion unter Gorbatschow und später in anderen Ostblock-Ländern mit den Hoffnungen auf Öffnung und Demokratisierung auch die kulturellen Aktivitäten zunehmen, zieht sich die

Führung der DDR auf starren Parteidogmatismus zurück. Die Folge von immer schärferer Zensur sind hier kultureller Stillstand und eine immer stärkere Entfremdung zwischen der Partei und den desillusionierten Bürgern.

Trotzdem werden immer mehr westliche Filme importiert, und daneben entsteht allmählich eine alternativ-experimentelle, regimekritische Subkultur, die von der Partei als unbedeutend ignoriert wird, während die DEFA nur noch kritiklos-resignierte „Alltagsfilme" produziert. Filmemachern wie Evelyn Schmidt („Das Fahrrad" [1982]) und Heiner Carow („Coming Out" [1989]) gelingt es immerhin, Themen wie Frauenemanzipation und Homosexualität in realistischen und undidaktischen Filmen zu verarbeiten; Hermann Zschoche und Lothar Warneke reflektieren die Zeitumstände aus desillusioniertem bzw. spirituellem Blickwinkel. Einen letzten Produktionsaufschwung erfährt die DEFA anlässlich ihres 40-jährigen Jubiläums 1986: Filme, die sich hauptsächlich mit der Selbstdarstellung der DDR und einer normalisierenden Neubetrachtung der Nachkriegsgeschichte beschäftigen, bzw. individuelle Schicksale vor dem Hintergrund des Dritten Reiches behandeln (z.B. „Die Schauspielerin" [1988] mit Corinna Harfouch).

Der Fall der Berliner Mauer im November 1989 markiert das Ende einer eigenen DDR-Filmkultur; bei den Berliner Filmfestspielen 1990 werden zahlreiche der verbotenen „Regalfilme" erstmals der Öffentlichkeit gezeigt.

West: Auf das Ende der Ära des „Neuen deutschen Films" folgt eine Zeit des künstlerischen Niedergangs. 1982 stirbt Fassbinder, und die christlich-liberale Bundesregierung unter Helmut Kohl leitet eine konservative Wende ein, mit der auch die öffentlichen Subventionen für das Kunstkino drastisch gekürzt werden. Hinzu kommt eine wachsende Konkurrenz für das Kino durch Video und Kabelfernsehen, eine Situation, die eine ganze Generation von Filmemachern ins „Exil" nach Hollywood treibt, unter ihnen Wolfgang Petersen („Das Boot" [1981]) und Roland Emmerich. In der Bundesrepublik werden nun verstärkt Musik- und provinzielle Slapstick-Filme produziert; daneben findet, angestoßen durch die amerikanische Serie „Holocaust", eine neue Auseinandersetzung mit der Nazizeit statt (z.B. István Szabós „Mephisto" [1981]; Michael Verhoevens „Die weiße Rose" [1982]). Als Alternative zur politischen Geschichte und dem Kollektivschuldproblem entdeckt Edgar Reitz in seinem „Nationalepos" „Heimat" [1984 ff.] ein anderes, idyllisch-ländliches Deutschland wieder, während Herbert Achternbusch („Das Gespenst"

[1982]) mit anarchisch-groteskem Humor die unheimlichen Seiten seiner bayrischen Heimat betont. Percy Adlon („Zuckerbaby" [1985], „Out of Rosenheim" [1987]) und Wim Wenders („Paris, Texas" [1984], „Der Himmel über Berlin" [1987]) versuchen, die anspruchsvoll-fortschrittliche „Autorenfilm"-Linie der 70er Jahre fortzusetzen, während Regisseure wie Rudolf Thome, Robert van Ackeren, Werner Schroeter und Rosa von Praunheim dem Thema Liebe und Sex auch in extremer Form Ausdruck geben. Von wenig beachteten postmodernen „Frauenfilmen" (Ulrike Ottinger, Monika Treut) setzt sich die Regisseurin Doris Dörrie mit ihrem Erfolgsfilm „Männer" [1986] und weiteren romantischen Komödien ab. Sie demontiert humorvoll den Mythos des „Neuen Mannes" und thematisiert als eine der ersten multikulturelle Aspekte der bundesdeutschen Gesellschaft.

6. Gesamtdeutscher Film nach 1989:

Die „Wende" 1989/90 (Fall der Mauer, Ende der deutschen „Nachkriegszeit" und des Kalten Krieges, Anschluss der DDR an die Bundesrepublik) führt zu dramatischen Veränderungen in allen Bereichen der nun gesamtdeutschen Gesellschaft. Immer wichtiger werden deren Rolle im vereinigten Europa, die wirtschaftliche Globalisierung, die neuen Kommunikations- und Informationstechnologien und die innergesellschaftlichen Probleme wie Arbeitslosigkeit, soziale Ungleichheit, Werteverlust, Ausländerfeindlichkeit und ethnisch-religiöse Konflikte, die die ideologischen Differenzen zwischen beiden Staaten abgelöst haben. Mit dem Wechsel von einer konservativen zu einer sozialdemokratisch-grünen Regierung 1998 unter Bundeskanzler Schröder wird Berlin zur neuen Hauptstadt, und es werden soziale und wirtschaftliche Reformen eingeleitet, die jedoch die Krise des Sozialstaates nicht aufhalten können. Zwischen den alten und neuen Bundesländern bleiben Vorurteile und Stereotypen weiterhin bestehen und beeinflussen auch die heftige gesamtdeutsche Diskussion über Geschichte und (kulturelle) Identität der 40 Jahre lang geteilten deutschen Nation, deren letzte gemeinsame historische Erfahrung bis dato die Nazizeit war.

Für das gesamtdeutsche Kino bilden die Jahre 1989/90 eine neue „Stunde Null", in der die Vereinbarkeit von künstlerischen und kommerziellen Interessen immer wichtiger wird: Die DEFA wird 1992 reprivatisiert und als „Studio Babelsberg" unter der Leitung von Volker Schlöndorff zum Zentrum einer multimedial umstrukturierten europäischen

Film- und TV-Produktion. 2000 wird das Filmmuseum Berlin am Pots-
damer Platz, dem Hauptausstrahlungsort der Berlinale, eröffnet und somit
der Film als wesentlicher Bestandteil der deutschen Kultur etabliert. Par-
allel zum „Kinosterben" im Osten des Landes werden im Westen immer
mehr Multiplex-Kinos für ein heterogenes Hollywood-Massenpublikum
eröffnet, die jedoch auch kleineren deutschen Produktionen mit geringen
Budgets steigende Besucherzahlen sichern. Die deutsche Filmindustrie
profitiert auch von der Verbreitung der Filme durch Home-Entertain-
ment und Internet.

All dies führt zu einer Ablösung kritisch-anspruchsvoller Filmkultur
zum einen durch Filmkomödien im Hollywood-Stil, zum anderen durch
thematisch und formal unkomplizierte, optimistische Filme über die
Krise der Mann-Frau-Beziehung, die sich ausdrücklich an ein einhei-
misches Publikum richten. Kulturkritische Arbeiten im Stil der 70er und
80er Jahre bleiben ohne Erfolg, und es gelingt nur Wenders, Schlöndorff
und von Trotta, weiterhin einen gewissen Bekanntheitsgrad zu halten.
Die junge Generation von eher anti-intellektuellen Filmemachern stellt
sich mit „Retro-Genrefilmen" und romantischen, postfeministischen
Lifestyle-Komödien (z.B. „Das Superweib" [1996] von Sönke Wort-
mann, Filme mit Katja Riemann wie „Stadtgespräch" [1995]) in radikaler
Abgrenzung vom „Neuen deutschen Film" auf die moderne kommer-
zialisierte Erlebnis- und Eventkultur der Nachwende-Eliten ein. In einer
Mischung aus liberalen, progressiven und konservativen Haltungen werden
hier von jungen, wirtschaftlich erfolgreichen, ideologisch, politisch und
historisch unbelasteten Großstädtern traditionelle Geschlechterrollen
humorvoll miteinander versöhnt (Happy End obligatorisch!); es geht um
die Problematik des Erwachsenwerdens, der Selbstverwirklichung und
der gesellschaftlichen Toleranz. Die jungen attraktiven Stars wie Til
Schweiger und Katja Riemann werden mit gefeierten Schauspielern der
Nachkriegszeit bzw. des zeitgenössischen Hollywood verglichen und als
Vertreter gesellschaftlicher Stereotypen immer wieder ähnlich besetzt.

Daneben existieren Komödien, Grotesken und Road-Movies aus dem
kleinbürgerlichen Milieu und der deutschen Provinz (z.B. „Wir können
auch anders" [1993], „Knockin' on Heaven's Door" [1996]), Action- und
Horror-Thriller („Anatomie"; „Das Experiment" [2000]), „Klamaukko-
mödien" (Gerhald Polt, Bully Herbig) und „subkulturelle Farcen" auf
den bürgerlichen „guten Geschmack" (Christoph Schlingensief, Oskar
Roehler), während gesellschaftskritische Stadtfilme wie „Das Leben ist
eine Baustelle" [1996], „Nachtgestalten" [1998] und „Halbe Treppe"

[2003] soziales und psychisches Elend und das Ende des optimistischen Materialismus der frühen 90er Jahre dokumentieren.

Was im Kino fehlt, sind politische Filme mit aktuellem Bezug, während die neu definierte Frage nach einer gemeinsamen deutschen Identität eine neue Welle der Beschäftigung mit dem Dritten Reich („Rosenstraße" [2003], „Der Untergang" [2004]), dem Holocaust („Hitlerjunge Salomon" [1992], „Meschugge" [1998]), der DDR („Herzsprung" [1992], „Sonnenallee" [1999]) und der deutschen Teilung („Das Versprechen" [1995]) nach sich zieht. Auch die Nachkriegszeit und die 50er Jahre („Das Wunder von Bern" [2003]) werden in nostalgischer Weise wiederentdeckt, während Filme wie „Die innere Sicherheit" [2000] die Geschichte der Bundesrepublik in den 70ern wieder aufgreifen und Dokumentarfilme („September" [2003], „Beruf Neonazi" [1993]) sich mit der gesellschaftlichen Realität im wiedervereinigten Deutschland kritisch auseinandersetzen.

Da die Grenzen zwischen Kino und TV-Spielfilmen immer fließender werden, wandern große politische Themen und anspruchsvolle Literaturverfilmungen zunehmend in TV-Prestigeprojekte („Das Todesspiel" [1997], „Heimat III" [2003], „Der Tunnel" [2001], „Jahrestage" [2000]), während sich das Kino eher den kleinen Alltagsgeschichten widmet.

Die seit den 60er Jahren stetig gewachsene Zahl ausländischer Einwanderer in Deutschland und die Öffnung der Grenzen im vereinigten Europa führt dazu, dass aktuelle deutsche Filme in Thematik und Personal ein immer mehr multikulturell-multiethnisches Gesicht erhalten und Teil einer globalen Filmkultur werden. Besonders die junge Generation „deutsch-türkischer" Filmemacher, deren herausragendster Vertreter Fatih Akin („Kurz und schmerzlos" [1998]) ist, zeigt komplexere Sichtweisen der deutsch-türkischen Beziehung und neue kulturelle Misch-Identitäten, während Grenzüberschreitungen und Kulturdialog (etwa Wenders' „Million Dollar Hotel" [1999]) auch von ausländischen Regisseuren, die in Deutschland arbeiten, thematisiert werden.

Ein starkes Identifikationsangebot an junges Publikum bieten die postmodernen, Multimedia-inspirierten Filme etwa von Tom Tykwer, die zunehmend auf internationale und kommerzielle Erfolgschancen setzen und der Schauspielerin Franka Potente den Weg nach Hollywood geebnet haben.

Die Zukunft des nach der Wende wiedergeborenen, von den Brüchen der Vergangenheit immer weniger belasteten und dadurch selbstbewussteren und publikumstauglicheren deutschen Films in der globalisierten Mediengesellschaft, zwischen audiovisuellen und digitalen Medien und

(Informations-)Technologien, regionalen und internationalen Perspektiven, urbaner Pop- und Massenkultur und lokalen Eigenarten, Video-Installation und Erzählkino, Kunst und Kommerz ist ungewiss und sicherlich immer weniger national zu betrachten: der „*Neue* neue deutsche Film" ist in jedem Fall zumindest ein europäischer. Ob Film generell noch in der Lage ist, „uns beim Verstehen der Welt zu helfen" (Wim Wenders), da diese doch immer unüberschaubarer wird und sich immer rasanter verändert, bleibt eine offene Frage.

Literatur:

Hauptquelle:

Hake, Sabine. *Film in Deutschland: Geschichte und Geschichten seit 1895.* Reinbek bei Hamburg: Rowohlt, 2004. (Enthält ausführliche Bibliographie, auch Internet.)

Bergfelder, Tim, et al. (Hg.). *The German Cinema Book.* London: bfi Publishing, 2002.
Bock, Hans-Michael (Hg.). *Cine-Graph: Lexikon zum deutschsprachigen Film.* München: edition text&kritik, 1984 ff.
Habel, Frank-Burkhard. *Das große Lexikon der DEFA-Spielfilme.* Berlin: Schwarzkopf&Schwarzkopf, 2001.
Heinzlmeier, Adolf, und Berndt Schultz. *Lexikon der deutschen Filme und TV-Stars.* Berlin: Rowohlt, 2000.
Jung, Uli (Hg.). *Der deutsche Film. Aspekte seiner Geschichte von den Anfängen bis zur Gegenwart.* Trier: WVT Wissenschaftlicher Verlag Trier, 1993.
Kramer, Thomas (Hg.). *Reclams Lexikon des deutschen Films.* Stuttgart: Reclam, 1995.
Kramer, Thomas, und Martin Prucha. *Film im Lauf der Zeit. 100 Jahre Kino in Deutschland, Österreich und der Schweiz.* Wien: Ueberreuter, 1994.
Schaudig, Michael (Hg.). *Positionen deutscher Filmgeschichte.* München: Diskurs-Film-Verlag Schaudig und Ledig, 1996.

Aufgaben:

1. Versuchen Sie die Filme, die Sie gesehen haben, an den richtigen Stellen im letzten Kapitel des filmgeschichtlichen Aufsatzes einzuordnen.
2. Entscheiden Sie sich für eine der vorgestellten Filmepochen und suchen Sie je einen Film aus Ost- und Westdeutschland. Stellen Sie die Filme der Klasse vor und zeigen Sie, welche Elemente jeweils typisch für die Epoche und für Ost- bzw. Westdeutschland sind.

Illustration Credits

„Jenseits der Stille". Courtesy of Claussen+Wöbke Filmproduktion.
„Comedian Harmonists". Courtesy of Senator Film Verleih.
„Lola rennt". Courtesy of X Filme Creative Pool GmbH.
„Aimée und Jaguar". Courtesy of Senator Film Verleih.
„Im Juli". Courtesy of Senator Film Verleih.
„Was tun, wenn's brennt?". Courtesy of Claussen+Wöbke Filmproduktion.
„Nirgendwo in Afrika". Courtesy of Constantin Film.
„Good Bye, Lenin!". Courtesy of X Filme Creative Pool GmbH.